Hrsg. Curhäuser Bad Kreuzen & Bad Mühllacken

IN 21 TAGEN

SCHLANKER, GESÜNDER & GLÜCKLICHER

ISBN 978-3-99025-436-3

Layout: freya_art, Alyssa Kamoun

Lektorat: Dorothea Forster

Aufbereitung der Texte: Renate Stockinger

Illustrationen von Lilly: David Fesl – david.fesl@gmx.at – *www.artstation.com/dajofe*

Fotos: © AdobeStock: Cover: Alexander Raths (Ringelblumen), womue (Kürbiskerne), Nataliia Pyzhova (Minze) happy_author (Zitrone), Robert Biedermann (Kamille), heike114 (Koriander), koosen (Gerste), alfredleis (Hanföl), unpict (Mariendiestel), mraoraor (Ingwer), Warakom (Honig) Kern: S. 3: Robert Biedermann (Kamille), heike114 (Koriander), koosen (Gerste,) alfredleis (Hanföl), unpict (Mariendiestel), mraoraor (Ingwer), Warakom (Honig), Alexander Raths (Ringelblumen), womue (Kürbiskerne), Nataliia Pyzhova (Minze), happy_author (Zitrone), mraoraor (Ingwer) / 23: photocrew (Kümmel) / 27: koosen (Gerste) 29: Vladislav Nosik (oben) / 31: severga (rechts), epixproductions ,Swapan (Ingwer) / 32: contrastwerkstatt / 35: oxie99 / 37: Leonis Nyshko (Sellerie) / 43: baibaz (Tomate) / 45: Melanie Steinbach / 47: Ray / 49: xamtiw (Bohnen) / 53: womue (Ackerschachtelhalm) / 55: Moving Moment, 13smile (oben) / 58: Anna E / heike114 (Koriander) / 73, 103: sommai (Apfel) / 79: Anna Puzatykh / 83: vaaseenaa / 85: Dmytro (unten), mizina (oben) / 87: fizkes / 89: Flydine / 91: Brent Hofacker / 92: womue / 94: Vera Kuttelvaserova (Stevia), Ekaterina (Feige), robert6666 (Rosinen) / 95: Beboy / 103: BillionPhotos (Karotten)/ 106: 5second / 109: Dmytro (unten), k2 photostudio / 113: anaumenko / 115: Dionisvera (Zimt) / 118: Xavier / 121: emuck (Kurkuma), nata_vkusidey / 127: nblxer / 128: fabiomax / 129: rdnzl, Mara Zemgaliete (Knoblauch), 130: nito / 132: Maya Kruchancova / 133: grey / 135: Marina / 142: photocrew (Salat), Aleksandr Volkov / 143: jchizhe / 147: womue / 148: Leonid Nyshko / 151: balakate / alle weitern Fotos auf Seite 8, 13, 14, 17, 18, 23, 37, 39, 41, 43, 49, 53, 61, 65, 67, 71, 73, 77, 97, 100, 103, 105, 107 115, 119, 125, 139, 141, 145, 147: Curhäuser Bad Kreuzen und Bad Mühllacken

Anmerkung: Alle in diesem Text enthaltenen Anregungen, Beschreibungen, Tipps und Rezepte wurden mit großer Sorgfalt zusammengestellt und getestet. Dennoch kann aufgrund unterschiedlicher Rohstoffe, Ausgangsbedingungen und individueller Fähigkeiten nicht garantiert werden, dass die Informationen auf Ihre Situation zutreffen. Daher kann keinerlei Haftung für etwaige Verletzungen, Verluste oder andere Schäden übernommen werden, die aus der Verwendung der in diesem Text angebotenen Informationen resultieren.

printed in Europe

Hrsg. Curhäuser Bad Kreuzen & Bad Mühllacken

IN 21 TAGEN

SCHLANKER, GESÜNDER & GLÜCKLICHER

… mit Lebenscoach *Lilly* zu mehr Leichtigkeit im Alltag!

freya

INHALT

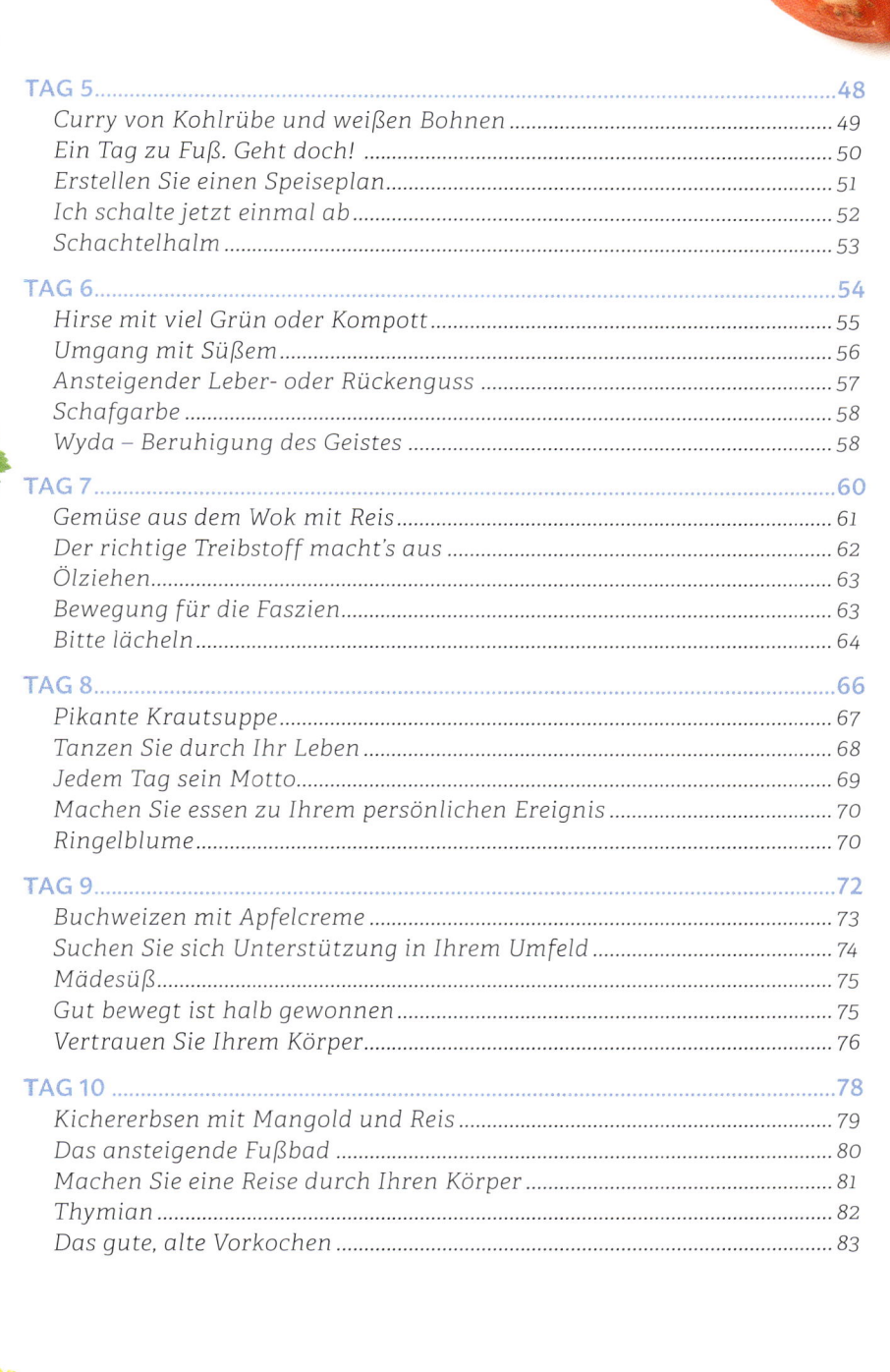

Gesundheit bekommt man nicht im Handel, sondern durch den Lebenswandel.

– *SEBASTIAN KNEIPP*

VORWORT

Auf erfrischende, humorvolle Art erzählt Ihnen „unsere Lilly" in diesem Buch von ihren Erfahrungen mit dem 21-Tage-Leichter-Leben-Programm nach den fünf Säulen der Traditionellen Europäischen Medizin (TEM). Lilly ist eine fiktive Figur. Sie könnten ihr aber auch schon begegnet sein. Denn Lilly steht stellvertretend für die vielen Menschen, die wir in unseren Curhäusern Bad Kreuzen und Bad Mühllacken bereits begleiten durften. Die vielen Menschen, die durch Fasten, Detox, Entschlackungs- oder individuelle Ernährungsangebote sowie durch unseren digitalen „Leichter Leben Coach" zu neuer Lebendigkeit, Wohlgefühl, mehr Gesundheit, Lebensfreude und Lebenslust, mehr Selbstbewusstsein, Klarheit, Energie und nicht zuletzt zu ihrem Wohlfühlgewicht gefunden haben.

Mit diesem Buch wollen wir Ihnen nicht nur einen Ratgeber an die Hand geben, sondern auch einen Begleiter zur Seite stellen, der Ihnen helfen kann, sich wieder fitter, gesünder, voller Energie und Lebensfreude zu fühlen.

Leicht umsetzbare Anwendungen, Rezepte, Ernährungs- und Lebensordnungstipps aus der TEM liefern praktische Beispiele und machen Lust aufs Ausprobieren. Dieses Buch soll Ihnen Motivation sein, ins TUN zu kommen und die Verantwortung für Ihr Wohlbefinden und Ihre Gesundheit selbst zu übernehmen. Dabei müssen Sie aber nicht gleich alles auf einmal schaffen. Gehen Sie Schritt für Schritt. Wichtig ist nur, DASS Sie gehen. Denn bekanntlich beginnt jede noch so weite Reise mit dem ersten Schritt. Und schon kleine Veränderungen in Ihrer täglichen Routine können letztlich Großes bewirken. Und wenn Sie sich auf Ihrem Weg zu einem leichteren Leben noch eingehender begleiten lassen möchten, dann freuen wir uns, wenn wir Sie in unseren Curhäusern mit weiteren Tipps und Tricks versorgen, mit wohltuenden Anwendungen, Massagen und schmackhaften, federleichten Mahlzeiten aus der TEM-Küche verwöhnen dürfen.

Viel Freude mit diesem Buch wünscht Ihnen von Herzen
Ihre Elisabeth Rabeder
Betriebsleiterin Curhaus Bad Mühllacken

LIEBE LESERIN, LIEBER LESER!

Auch wenn ich Sie nicht sehen kann: Ich freue mich, dass Sie dieses Buch zur Hand genommen haben. Ich freue mich für Sie. Denn das heißt: Sie haben es satt. Sie haben es satt, im ewig alten Trott weiterzumachen. Sie haben es satt, die 735ste Diät auszuprobieren und am Ende wieder festzustellen, dass die geschmolzenen Kilos erst recht wieder an den Hüften kleben, bevor Sie auch nur den perfekt designten, super schönen Namen der Diät fünf Mal hintereinander aussprechen können (irgendwas mit Ananas war es – oder war es Mango? Papaya? Egal). Und die geschmolzenen Kilos haben auch gleich noch ein paar neue Freunde mitgebracht zur Party!

Sie haben es satt, dass die Jeans, die Ihnen noch vor ein paar Jahren so perfekt gepasst haben, Sie mit einer Mischung aus Mitleid und Häme aus der unteren Lade des Kleiderschranks anstarren. Sie haben es satt, dass Ihre Ärztin Sie bei jeder Gelegenheit freundlich darauf hinweist, dass diese Blutwerte in Ihrem Alter alles Mögliche sind, nur nicht gesund. Sie haben es schlicht und einfach satt. Und soll ich Ihnen etwas sagen: Mir geht's genauso.

Mir, das bin ich. Also Lilly. Elisabeth eigentlich. Aber so nennen mich nur meine Eltern und Großeltern. Für alle anderen bin ich Lilly. Auch jetzt noch, mit 45 Jahren. Die lustige, kleine, etwas mollige Lilly (kleine, mollige Menschen sind immer lustig, das ist ein Gesetz). Die Lilly, die scheinbar nichts umwirft – die allerdings auch lange schon niemand mehr umwerfend findet. Nicht einmal sie selbst.

Wann genau habe ich eigentlich begonnen, hinter meiner lustigen Fassade so frustriert, so zynisch, so unzufrieden mit mir und meinem Leben zu werden? Ich weiß es nicht. Als ich jung war, war alles so viel leichter. Ich auch. Ganze 15 Kilo.

Aber Sie wissen ja, wie das oft so ist: Beruf, Mann, Haus, Kinder, Scheidung, neuer Mann, Patchwork-Familie, Haus, Katze. Irgendwo dazwischen habe ich mich selbst verloren. Und jeglichen Bezug zu meinem eigenen Körper. Nach einem langen Tag im Büro war mir eben mehr nach Couch, Chips, ein paar Gläsern Wein und Fernsehen. Oder einem Treffen mit Freundinnen auf ein Flascherl Prosecco oder zwei oder drei. Oder Kuchen. Oder Schokolade. Und – zack! – sind gleich einmal 15 Kilo auf Hüften und Bauch und Armen und überall.

Und dann kam der Knackpunkt. Der Moment, in dem ich mich nach längerer Zeit wieder einmal auf einem Foto gesehen habe. Eine nette Gartenparty übrigens bei Freundin Susi. Aber da sah ich es in ganzer Pracht. Mich, ein großes Stück Torte auf dem Teller und Kaffee vor mir, das inzwischen leere Glas Prosecco noch als Dekoration auf dem Tisch, die gerade angezündete Zigarette zwischen den Fingern. Eigentlich alles versammelt auf dem Bild, was ich so liebe. Bis auf die Wölbungen, die mein Bauch mehr als gut sichtbar unter dem T-Shirt hervorbrachte, weil er in der erst vor wenigen Monaten gekauften Hose nicht mehr Platz fand. Und meinen trotz all der Köstlichkeiten und des schönen Tages abgespannten, müden Blick, die leicht fahle Haut. Das war er – der Moment, in dem ich mir gesagt habe: So will ich nicht mehr aussehen. So will ich nicht sein.

Deshalb bin ich hier. Deshalb beginne ich mit dem Leichter-Leben-Programm. Weil ich genau das will: wieder mehr Leichtigkeit. Lebendigkeit. Mich wieder mehr spüren. Wieder mehr Energie und Freude haben. Und meinen alten Jeans im Kleiderschrank zurufen: Hey, Leute – ihr seid noch längst nicht im Ruhestand!

Ich werde Sie gerne auf Ihrem Weg durch dieses Programm begleiten. Bereit? Alsdann. Packen wir's an!

Ihre Lilly

WAS DIESES BUCH IHNEN BIETET

Dieses Buch will Sie mitnehmen auf eine Reise zu einem leichteren Leben mit mehr Energie und Lebensfreude. Tag für Tag, 21 Tage lang, finden Sie ein schmackhaftes Rezept sowie Tipps aus den fünf Säulen der TEM, der Traditionellen Europäischen Medizin – Ernährung, Heilpflanzen, Wasser & Wickel, Bewegung und Lebensordnung. Begleitet werden Sie dabei von Lilly, die Ihnen ihre Erfahrungen mit diesem Programm schildert. Es ist dies jedoch kein aufeinander aufbauendes System. Ob Sie mit den Impulsen von Tag 1, Tag 12 oder Tag 21 beginnen: Fühlen Sie sich frei zu wählen, wonach Ihnen ist!

Sie möchten bereits starten? Völlig verständlich. Aber bitte noch einen Moment Geduld.

Ein paar Tipps vorab

Ausreichend Wasser zu trinken ist generell wichtig. Noch wichtiger ist es während eines Entgiftungsprozesses. Unterstützen Sie Ihren Körper, indem Sie in den kommenden Wochen täglich zwei bis drei Liter Wasser (am besten Quell- oder Leitungswasser) trinken. Der Schwerpunkt sollte auf dem Vormittag liegen. Beginnen Sie schon morgens nach dem Aufstehen mit ein bis zwei Gläsern lauwarmem Wasser. Das kurbelt den Kreislauf ebenso an wie die Verdauung und hilft Ihrem Körper beim Reinigungsprozess.

Wasser ist auch eine wirksame Vorbeugung gegen oder Erste Hilfe bei Kopfschmerzen. Wer es zur Abwechslung mit etwas Geschmack probieren mag, kann auch einmal Zitrone, Ingwer, Pfefferminze oder Melisse in den Wasserkrug geben. Auf Kaffee und zuckerhaltige Getränke sollten Sie verzichten. Auf Alkohol und Zigaretten ebenso.

Wenn Sie entgiften und abnehmen möchten, ist es sinnvoll, wenn Sie die Hauptmahlzeit mittags einnehmen. Abends gönnen Sie Ihrem Körper eine leichte Mahlzeit – eine warme Suppe oder gedünstetes Gemüse.

Achten Sie in den kommenden Wochen auch gut auf Ihre Verdauung. Sollte sie ins Stocken geraten, können Sie ihr mit (Bio-)Sauerkrautsaft wieder auf die Sprünge helfen. Verdünnen Sie den Saft 1:1 mit lauwarmem Wasser. Nehmen Sie sich im Anschluss aber besser keine Termine oder weiten Spaziergänge vor, sondern lieber eine kleine Bauchmassage zur Unterstützung.

Die Grundausstattung: Das sollten Sie vorrätig haben!

KRÄUTERTEES Wählen Sie hochwertige Tees nach Ihrem Geschmack. Sie sollten aber immer mehr Wasser als Tee trinken.

GETREIDE Hirse, Buchweizen, Quinoa, Polenta, Reis, eventuell Amaranthpops, Haferflocken Kleinblatt

GEMÜSE Lauch, gelbe Rüben, Karotten, Sellerie, Pastinake, Zwiebel, Knoblauch, Kartoffeln, Chinakohl oder Pak Choi oder Mangold

OBST Obst der Saison, Apfelmus / Apfelkompott, Zitronen

HOCHWERTIGE ÖLE Rapsöl, Olivenöl, Leinöl

MILCHPRODUKTE Butter, eventuell Butterschmalz

KRÄUTER UND GEWÜRZE Salz, Pfeffer, Liebstöckel, frische Petersilie, Zimt, Vanillepulver, Anis, Kümmel, Oregano, Thymian, Rosmarin, Kreuzkümmel, Kurkuma, Majoran, Lorbeerblatt, Koriandersamen, Kardamom

TROCKENFRÜCHTE UND SAATEN Rosinen, Sonnenblumenkerne, Kürbiskerne

AUSSERDEM hochwertiger Gärungsessig, frischer Ingwer, Honig

Bitte bedenken Sie:

Bei so gut wie allen Rezepten ist die Obst- beziehungsweise Gemüse-sorte variabel und austauschbar. Beziehen Sie deshalb bei der Auswahl Ihr Bauchgefühl mit ein: Was ist für Sie gut verträglich, was tut Ihnen gut und was sind Ihre Vorlieben? Orientieren Sie sich jedenfalls auch am saisonalen Angebot und geben Sie regionalen Produkten den Vorzug!

Zu Ihrer Orientierung: Die Rezepte sind immer auf zwei Personen aus-gelegt.

Jetzt kann es losgehen. Auf den Seiten 20 und 21 finden Sie einen Über-sichtsplan. So könnte Ihr Leichter-Leben-Programm aussehen. Viel Freu-de!

IN 21 TAGEN ZU MEHR LEICHTIGKEIT

LOS GEHT'S!

BEWEGUNG	LEBENSORDNUNG	ERNÄHRUNG & WISSEN
Spaziergang an der frischen Luft	Klarheit schaffen	Nahrungspausen verlängern das Leben
„Ja" sagen für den Nacken	Die Archetypen	Warmes Frühstück
Kommen Sie spielerisch (wieder) in Bewegung	Rituale geben dem Leben Tiefe	Kauen Sie genüsslich und lang
„Ja" sagen für den Nacken	Dankbarkeit	Dem Leben die richtige Würze geben
Ein Tag zu Fuß	Ich schalte jetzt mal ab	Speiseplan erstellen
Spaziergang an der frischen Luft	Wyda: Beruhigung des Geistes	Umgang mit Süßem
Bewegung für die Faszien	Lächeln bitte	Der richtige Treibstoff macht's aus
Tanzen Sie durch Ihr Leben	Jedem Tag sein Motto	Machen Sie essen zu Ihrem persönlichen Ereignis
Gelenke durchbewegen	Suchen Sie sich ein unterstützendes Umfeld	Intuitiv essen
Ein Tag zu Fuß	Der Bodyscan	Vorkochen
Übungen für Schreibtischtäter	Wecken Sie Ihre Lebensgeister	Den Hunger hinterfragen
Wanderung im Pesenbachtal	Ganzheitlich entgiften – Zeit für mich	Genießen ohne Zucker
Trainingseinheiten fürs Gehirn	Weg mit den Schuhen!	Der Verdauung auf die Sprünge helfen
Vereinbaren Sie einen Termin mit sich selbst	Schlafhygiene	Weniger ist mehr – achten Sie auf Ihre Sättigung
Bewegung für die Faszien	Achtsames Gehen	Ballaststoffe
Kommen Sie ins Gleichgewicht	Entrümpeln	LEBENS-Mittel Wasser
Wanderung Bad Kreuzen	Schluss mit jammern	Achtsam essen
Welcher Bewegungstyp sind Sie?	Der Bodyscan	Ingwer
Fitness für die Verdauung	Wyda: Ruhe finden	Entlastungstage
Stufen einmal anders: Treppenhüpfen & Co.	Mit dem Herzen schauen	Kauen Sie genüsslich und lang
Radeln entlang der Donau	Betrachten Sie sich selbst liebevoll	Jetzt heißt es: dranbleiben!

*Es geht looos! Müde, aber motiviert.
Einkauf der Vorräte lief besser als gedacht. Tapfer und hoch erhobenen Hauptes bin ich vorbeimarschiert an meinen bisher besten Freunden, den coolen Typen aus der Tiefkühlabteilung: Pizza, Lasagne, Pommes, Fischstäbchen, Torte. Nicht einmal Chips und Schokolade, die mich aufmunternd angelächelt und „Nimm mich mit! Nimm mich mit!" gerufen haben, hatten eine Chance. Dafür hab' ich jetzt Dinge in meinem Vorratsschrank, von denen ich bis jetzt nicht einmal wusste, dass es sie gibt. Frage mich nur, wie das wohl so wird in den kommenden Wochen. Als Küchenfee bin ich ja jetzt nun eher nicht bekannt. Sei's drum. Wer wagt, gewinnt. Und überhaupt. Heute gibt's geschmorten Zuckerhut mit Kräuterwedges. Jawohl! Und einen kalten Knieguss. Vielleicht lässt dann auch der Kopfschmerz nach.*

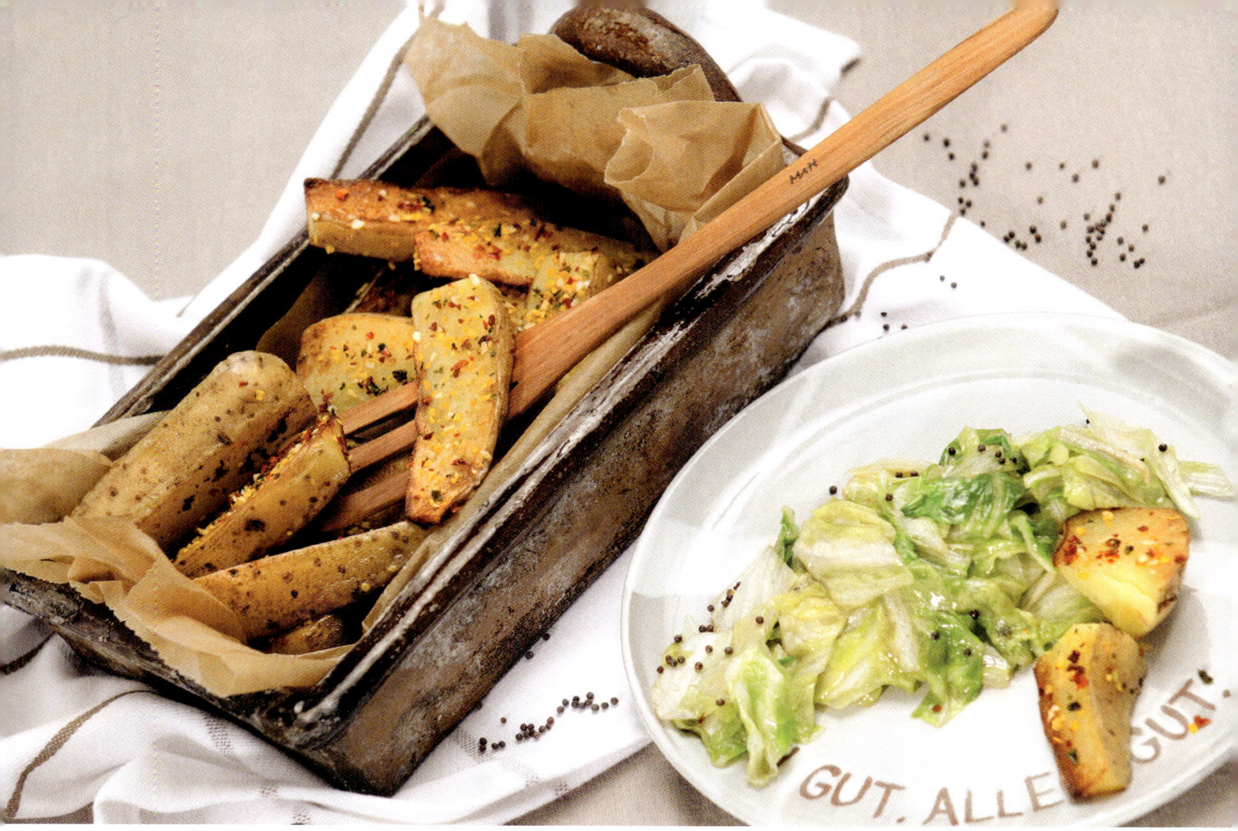

REZEPT

Geschmorter Zuckerhut mit Kräuterwedges

Zutaten:

- 300 g Zuckerhut in grobe Streifen geschnitten
- 2 EL Öl
- Salz
- Koriander gemahlen
- Schwarzkümmel
- 100 ml Gemüsebrühe
- 1 EL Honig
- 300 g Kartoffeln fest kochend, in Spalten geschnitten
- Salz, Pfeffer (frisch gemahlen), Thymian, Majoran, Olivenöl

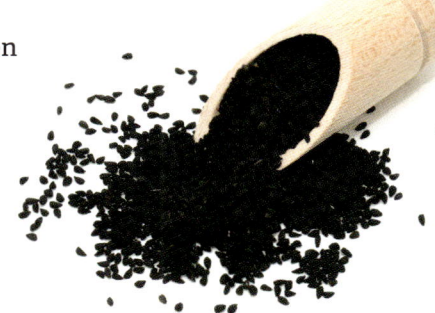

Zubereitung:

- Kartoffelspalten auf ein mit Backpapier ausgelegtes Backblech legen, mit Pfeffer und Salz würzen, mit den Kräutern bestreuen und mit Olivenöl beträufeln. Im Ofen bei 180 Grad ca. 20 Minuten backen, bis sie richtig schön goldgelb sind.
- Die Zuckerhutstreifen im Öl anschwitzen (in wenig Fett bei geringer Hitze kurz garen) und mit der Gemüsebrühe wenige Minuten weich dünsten. Schwarzkümmel und Honig dazugeben, abschmecken und anrichten.

WASSER & WICKEL

Kalter Knieguss

Der optimale Einsteiger-Guss, von Pfarrer Sebastian Kneipp auch „besonderer Freund der Füße" genannt: Bis in die Zehen hinein wird die Durchblutung angeregt – sehr angenehm nach einem langen Tag, an dem man viel auf den Beinen war. Der kalte Knieguss wirkt gut bei Krampfadern, Kopfschmerzen oder Stress. Anregend während des Tages, schlaffördernd am Abend und den ganzen Körper stärkend.

Was Sie dafür brauchen? Warme Füße, kaltes Wasser und einen weichen Wasserstrahl. Also entweder Duschkopf abschrauben oder auf ganz sanften Strahl einstellen. Das Wasser soll sich wie ein Mantel um das Bein legen, es soll keine Massage durch Wasserdruck stattfinden. Immer herzfern, also rechts beginnend, wird ein Bein nach dem anderen von unten nach oben auf der Vorder- und auf der Rückseite kalt begossen.

Beginnen Sie beim rechten kleinen Zeh, dann den Wasserstrahl an der Außenseite des Beins hochführen, eine Handbreite über der Kniekehle an der Rückseite des Oberschenkels verweilen und an dieser Stelle leicht hin und her bewegen oder kreisen (etwa 5 Sekunden lang) – das Wasser soll sich dabei wie ein Mantel um das Bein legen. Anschließend über die Innenseite des Beins wieder abwärts bis zur Ferse. Mit dem linken Bein ebenso verfahren. Die Vorderseite der Beine wird auf die gleiche Weise begossen: erst rechts, dann links und je circa fünf Sekunden lang eine Handbreite oberhalb des Knies verweilen. Zum Abschluss erst die rechte, dann auch noch die linke Fußsohle begießen. Voraussetzung: Die Beine müssen warm sein. Deshalb eignet sich diese Anwendung zum Beispiel im Anschluss an eine warme Dusche oder nach einem flotten Spaziergang. Nach dem Guss Socken anziehen und ein bisschen gehen, damit die Füße warm werden.

Wenn es zu einer leichten Rötung der Haut kommt, ist das ganz normal. Wird die Haut bläulich, hat der Guss zu lang gedauert. Nicht anwenden sollten Sie diesen Guss, wenn Sie frieren, an einem Harnwegsinfekt oder Hexenschuss leiden oder gerade Ihre Monatsblutung haben.

TIPP Sie können den kalten Knieguss direkt vor dem Zubettgehen einsetzen gegen Schlafprobleme. Anschließend an den Guss die Fußsohlen leicht abtupfen, das Bein aber nicht abtrocknen. Auf die Unterseite des großen Zehs, der in der Fußreflexzone dem Kopf entspricht, ein wenig hochwertiges Lavendelöl tupfen, Socken drüberziehen und ab ins Bett. Eine herrliche Einschlafhilfe!

ERNÄHRUNG

Nahrungspausen verlängern das Leben

Das Beste, was wir für unseren Körper tun können ist: nichts essen. Das kurbelt die Autophagie, einen körpereigenen Reinigungs- und Erneuerungsprozess, an. Die Zellen werden einer Verjüngungskur unterzogen – das reinste Anti-Aging-Programm. Der Verdauungstrakt kann sich erholen und wird entlastet. Die Fettverbrennung wird aktiviert, das erleichtert das Abnehmen.

Essen Sie zwischen den Hauptmahlzeiten nichts und halten Sie eine mindestens 14-stündige Pause über Nacht ein. Mit einem früheren Abendessen oder einem späteren Frühstück lässt sich das gut umsetzen.

Oder verzichten Sie ganz aufs Abendessen („Dinner-Cancelling").

In den Nahrungspausen sollten Sie trinken. Dadurch kommen auch weniger Hungergefühle auf. Planen Sie etwa zwei Liter kalorienfreie Flüssigkeit täglich ein: hauptsächlich (warmes) Wasser, aber auch Kräutertee. Das unterstützt den Körper beim Entschlacken und hält ihn leistungsfähig.

TIPP Taucht Hungergefühl auf, wählen Sie eine Tasse warme, würzige Gemüsebrühe. Das hilft gegen den Hunger und tut Ihrer Nahrungspause keinen Abbruch. Obstsäfte und Sirup enthalten viel Fruchtzucker und sollten deshalb nur in Maßen genossen werden.

LEBENSORDNUNG

Klarheit schaffen: Was soll besser werden durch den Reinigungsimpuls?

Bewusste Ernährung, entgiften und entschlacken sind viel mehr, als nur „anders" zu essen. Es bringt uns ein Stück näher zu uns selbst, auch wenn das manchmal ganz schön anstrengend sein kann.

Mit wie viel Alltagslast und unnötigem Ballast wir uns oft abmühen, wird uns meist erst bewusst, wenn wir einen Schritt zurücktreten und uns besinnen: zu viele berufliche und private Verpflichtungen, zu viel Materielles, zu viel Oberflächlichkeit, zu viele Menschen und Dinge, die uns nicht guttun, zu viel Sinnleere.

Lassen Sie alte Gewohnheiten hinter sich, freuen Sie sich auf den Prozess der Wandlung. Wie die Raupe, die sich verpuppt und zum Schmetterling wird.

Oft hilft der Entgiftungsprozess, ein belastendes Thema zu verarbeiten oder einen guten Vorsatz in die Tat umzusetzen. Entgiften „entfesselt" und hilft, mit mehr Klarheit auf die aktuelle Situation und in die Zukunft blicken zu können. Und es macht stark!

Also: Was soll besser werden durch den Reinigungsimpuls?

Besorgen oder gestalten Sie sich ein schönes Notizbuch und halten Sie darin Ihre Gedanken, Wünsche und Ziele fest. Wenn wir etwas niederschreiben, so wirkt das stärker, als wenn wir es nur denken. Gedanken können sehr flüchtig sein. Führen Sie zumindest in den kommenden Wochen Tagebuch.

Manche Menschen schreiben zum Ausklang des Tages, andere schlafen gerne eine Nacht darüber und halten ihre Gedanken am nächsten Morgen fest, wieder andere schreiben, wenn es ihnen gerade in den Sinn kommt. Wählen Sie die Form, die für Sie passt. Schreiben Sie sich von der Seele, was Sie beschäftigt. Und vor allem: Halten Sie unbedingt auch die kleinen und großen Erfolge fest. Viel zu oft vergessen wir sonst, was wir schon alles erreicht haben – und dass wir allen Grund haben, stolz auf uns zu sein.

HEILKRÄUTER

Gerste

Unterstützen Sie Ihre Verdauung mit Gerste. Gerstenwasser ist ein wunderbares Mittel zur Stärkung des Magens bei Verdauungsbeschwerden. Dazu 100 g Gerstenkörner in 1,5 Liter Wasser über Nacht einweichen, am nächsten Morgen eine Stunde auf niedriger Temperatur kochen. Die Flüssigkeit können Sie in kleinen Portionen über den Tag verteilt trinken.

TAG 2

Uh. Dass man sich so gerädert fühlen kann in der Früh ... Dabei ist es mir gestern nach dem Knieguss tatsächlich besser gegangen. Ich hab' auch fast gar nicht gequietscht beim kalten Wasser. Nur aus Überraschung. Ein bisschen. Ganz leise. Aber offensichtlich laut genug, um die Kinder so zu verwundern, dass sie von ihren Handys aufgeschaut haben, als ich aus dem Bad gekommen bin. Wow. Das schafft sonst höchstens der Pizzazusteller, wenn er klingelt. Immerhin: Mein Kopfschmerz hat sich dann verabschiedet.

Der Impuls von gestern geistert mir noch durch den Kopf: „Was soll sich ändern?" Hm. Alles eigentlich. Der Mann soll gefälligst wieder aufmerksamer und liebevoller werden. Und die Kinder könnten weniger pampig sein. Und kann mir mal bitte endlich jemand mit dem Haushalt helfen? Kein Wunder, dass ich mir 15 Frust-Kilo auf die Hüften gefuttert habe, wenn mich hier jeder behandelt wie herumlaufendes Inventar. Aber: neuer Tag, neues Glück. Heute gönne ich mir ein aktivierendes Peeling mit Ingwer.

REZEPT

Frühstücksvariationen – Energieschub für den Tag

Starten Sie mit einem warmen Frühstück in den Tag. Nicht nur Ihr Bauch, Ihr ganzer Körper wird es Ihnen danken. Mit einer solchen Mahlzeit erhält er bereits in der Früh Wärme und Energie, die er benötigt für den Tag. Ob süß, ob sauer, ob süßsauer – experimentieren Sie!

Versuchen Sie es doch einmal mit verschiedenen Frühstücksvarianten. Das ist denkbar einfach: Sie nehmen ein glutenfreies Getreide als Basis und kombinieren es entweder mit einer pikanten oder einer süßen Zutat. So können Sie sich Ihr individuelles Frühstück zusammensetzen.

GEKOCHTES GETREIDE, GLUTENFREI Hirse, Quinoa, Buchweizen, Polenta, Nackthafer, Amaranth(pops), Reis

PIKANTE TOPPINGS gebratenes oder gedünstetes Gemüse, (Wild-)Kräuter, Avocado, Öl, Oliven, Nüsse, Samen, Saaten

SÜSSE TOPPINGS frisches Obst, Apfel- oder Fruchtmus, Obstkompott, Mandel- oder Nussmus, geröstete Kokosflocken, Mandelblättchen, Nüsse, gerösteter, gemahlener Mohn

TIPP Um Kochzeit zu sparen, können Sie vorab planen: Kochen Sie mittags beispielsweise Polenta mit Gemüse, bereiten Sie in der Früh schon eine größere Menge Polenta zu. Einen Teil essen Sie zum Frühstück, den Rest streichen Sie auf ein Blech. Zu Mittag brauchen Sie die Polenta nur noch in Ecken schneiden, in der Pfanne anbraten und Gemüse zubereiten.

Beispiele zur Inspiration:

- Buchweizen mit Apfelmus und Zimt
- Kompott mit Hirse und gerösteten Nüssen oder Mandelblättchen
- Quinoa mit Avocado, Salz, Pfeffer und Zitronensaft
- Basismüsli aus Haferflocken, Amaranthpops, gerösteten Buchweizenkörnern, Leinsamen und Rosinen. Das Basismüsli kann mit frischen Zutaten nach Wunsch verfeinert werden
- Apfelmus mit Mandelmus und gerösteten Kokosflocken
- Hirse mit Zwetschken-Zimt-Kompott
- Früchte-Gewürz-Reis
- Porridge aus Haferflocken, Zimt, Kardamom, Nelkenpulver, Prise Salz, ev. Rosinen; mit Mandelmus und Honig verfeinern. Als Topping eignet sich z. B. gemahlener Mohn
- Hirse mit Butter und reichlich frisch gehackten Kräutern
- Gedünstete Karotten- und Rettichstifte (Salz, Pfeffer, Muskat) mit cremiger Polenta
- Gebratene Zucchini- und Pilzblättchen (Thymian, Rosmarin, Salz, Pfeffer, Knoblauch) mit Polenta oder Hirse

- Gedünsteter Pak Choi oder Chinakohl oder Zuckerhut (Salz, Pfeffer, etwas glutenfreie Sojasauce, Chili) mit Hirse
- Buchweizen mit Öl, Pfeffer, Kräutersalz und Oliven

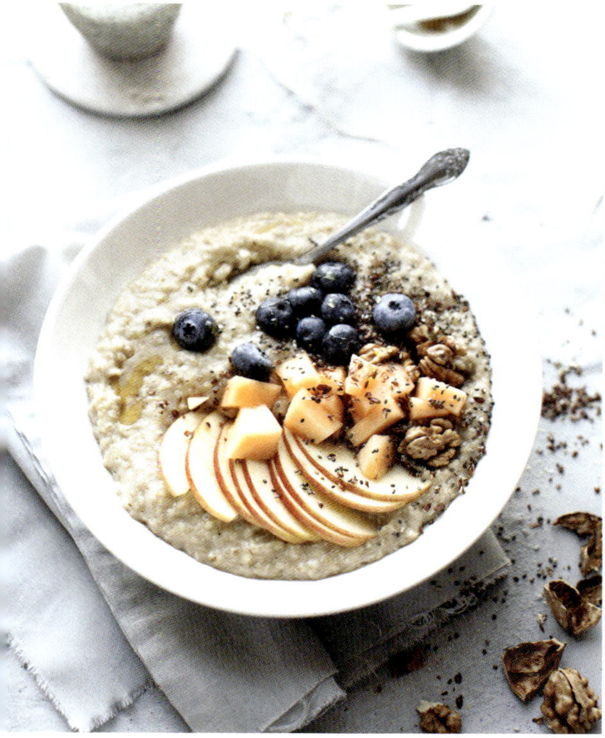

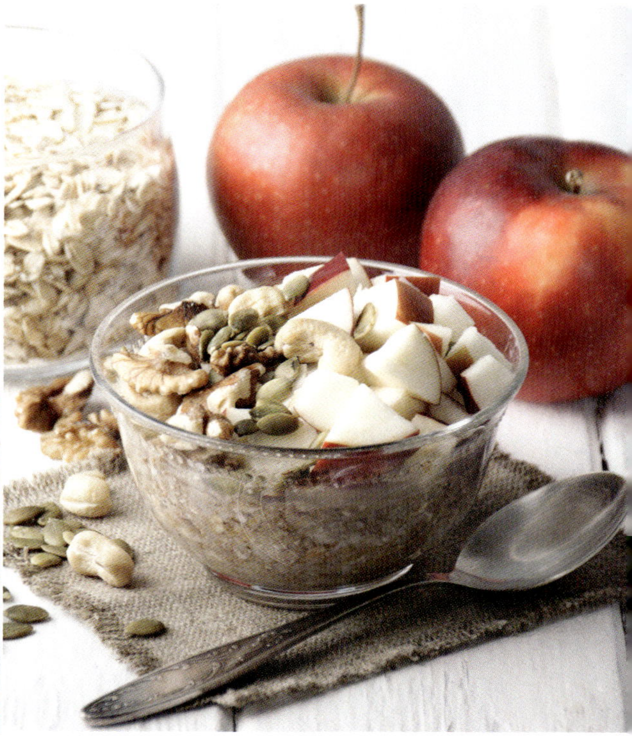

WASSER & WICKEL

Aktivierendes Peeling

Gemahlener Ingwer ergibt mit Salz und Sonnenblumenöl ein angenehm aktivierendes Peeling. So wird's gemacht: Einfach 2 EL Ingwerpulver mit ebenso viel grobem Salz mischen. So viel Öl dazugeben, dass es geschmeidig wird. Alles gut verrühren und damit den Körper abrubbeln. Unter der Dusche abspülen.

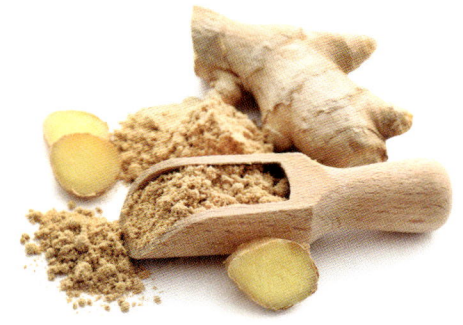

„Ja" sagen für einen entspannten Nacken

Aufrechte Haltung einnehmen. Den Kopf so weit wie möglich aus der Normalstellung (geradeaus schauen) zu einer Seite drehen (Achtung: Die Schulter dabei nicht mitdrehen). In dieser Endposition bewusst nach oben und unten nicken („Ja sagen"), dann den Kopf zur anderen Seite drehen und nicken. Eine gute Übung auch für zwischendurch im Büro. Mobilisiert die Halswirbelsäule und aktiviert den Gallenblasenmeridian. Ob im Sitzen oder im Stehen ausgeführt, ist Geschmackssache. Einfach ausprobieren!

Die Archetypen

„So ein Choleriker." „Das ist ein melancholischer Typ." „Die ist so phlegmatisch." Aussagen wie diese kommen Ihnen bekannt vor? Auch wenn es etwas in Vergessenheit geraten ist – das Wissen über die vier Archetypen aus der Traditionellen Europäischen Medizin (TEM) ist nach wie vor in uns verwurzelt.

Unterschieden werden vier Typen: Sanguiniker, Choleriker, Melancholiker und Phlegmatiker – wobei kein Typ „besser" oder „schlechter" ist und auch selten in Reinform vorkommt. Meist sind wir „Mischtypen" mit einem etwas stärker ausgeprägten Haupttyp. Dieser Grund- oder Archetyp zeigt unsere Stärken, unsere Schwächen, Anfälligkeit für bestimmte Krankheiten und wie wir uns körperlich, geistig und seelisch unterstützen können – unabhängig von der sogenannten Temperatio, der momentanen Verfassung, die zusammenhängt mit unserem Alter, unserer Lebenssituation, Stress, Jahreszeit und vielem mehr.

Die Bestimmung des Archetyps spielt in der Traditionellen Europäischen Medizin eine große Rolle – denn dieses Wissen, kombiniert mit der aktuellen Verfassung, bildet die Basis für eine maßgeschneiderte Behandlung.

Vielleicht finden Sie sich in einer der folgenden Beschreibungen wieder? Sie können aber auch bei einem Aufenthalt in den Curhäusern Bad Kreuzen und Bad Mühllacken Ihren Typ bestimmen lassen.

Oder per Internet: Geben Sie einfach „TEM Archetyp bestimmen" in die Suchmaschine ein, dann finden Sie einen Link zum Online-Fragebogen und erhalten nach wenigen Minuten das Ergebnis der Auswertung per Mail.

Sanguiniker

Der „Luftikus" unter den Typen. Lebhaft, kontaktfreudig, kreativ und unterhaltsam, leicht zu begeistern und zu unterhalten. Trällert auch gerne einmal ein Lied vor sich hin, ist im Großen und Ganzen ein unbeschwerter Mensch. Es fehlt aber oft das gewisse „Sitzfleisch", um die 1000 Ideen und Gedanken umzusetzen. Sanguinikerinnen und Sanguiniker sind sehr an ihrer Umgebung und ihren Mitmenschen interessiert, lassen sich aber auch schnell wieder ablenken, wenn ihnen etwas Interessantes unterkommt. Auch am Essen sind sanguinische Typen interessiert – schön bunt muss es angerichtet sein, in angenehmer Atmosphäre. Sie sollten sich bei Süßem eher zurückhalten. Frucht- und Wurzelgemüse, Salate und essbare Blüten begeistern sie. Herzhafter, leicht bitterer Geschmack wirkt anregend.

Phlegmatiker

Ein in sich ruhender Wohlfühl-Typ (was man auch hin und wieder an einem gewissen Bauchumfang sehen kann). So leicht bringt Phlegmatikerinnen und Phlegmatiker nichts aus der Ruhe – allerdings bringt sie auch nichts so schnell in die Gänge. Frühes Aufstehen ist für diesen Typ meist eine Qual. Er ist etwas schwerfällig, aber ein Ruhepol. Ein Typ, der stets ein offenes Ohr hat, dem man sich anvertrauen kann, der Sicherheit und Geborgenheit schenken kann. Phlegmatische Typen sollten sich trotz Hemmung immer wieder einmal zum Sport aufraffen – ihnen tut das besonders gut. Am liebsten sind ihnen gemütliche Radtouren mit anschließender Einkehr beim Gastwirt. Sie essen nämlich gerne – und gerne gut. Wenn dabei auch noch wenig gekaut werden muss, ist das besonders erfreulich – es braucht am wenigsten Anstrengung. Reis, der im Wasser wächst, entspricht dem wässrigen Element. Blatt- und Stängelgemüse, Zwiebel, Kresse oder Senf reizen diesen Typen durch die enthaltene Schärfe.

Choleriker

Cholerische Typen sind durchaus liebenswürdige Hitzköpfe. Meistens stärker gebaut, markante Gesichtszüge, dazu tatenfroh, kraftvoll, ideenreich, widerstandsfähig. Sie neigen allerdings zu überschießenden Reaktionen wie Zornausbrüchen, Hektik, unüberlegtem Handeln und Überempfindlichkeit. Cholerikerinnen und Choleriker lieben es, sich mit anderen zu messen – solange sie dabei die Gewinner sind. Für sie sind deshalb Sportarten mit Wettkampfcharakter besonders reizvoll. Viel Gemüse und Salat, scharfe Wurzeln wie Kren, Sellerie, sonnengereifte Früchte tun gut. Rohkost und grobes Brot sind für diesen Typ wichtig – er darf etwas zu kauen haben. Vorsicht bei besonders wärmenden Speisen und Gewürzen.

Melancholiker

Dieser Archetyp trägt seinen schlechten Ruf zu Unrecht. Der melancholische Typ hat viele Vorzüge. Als Denker, Künstler oder Dichter ist er in seinem Element, Sinn für Ästhetik und Genauigkeit zeichnen ihn aus. Er kann sich lange auf eine Sache konzentrieren. Allerdings ist dieser Archetyp oft kontaktscheu und verkopft, andere Menschen sind ihm nicht unbedingt das Wichtigste – er ist Individualist. Auch er sollte sich zu sportlicher Tätigkeit durchringen. Ihm liegen ästhetische Sportarten wie Eiskunstlauf, Fechten, Reiten und Ähnliches. Für die melancholischen Typen ist es wichtig, dass sie gut mit ihrer Energie haushalten – dabei können sie durch passende Ernährung viel bewirken.

HEILKRÄUTER

Anis

Startet der Entgiftungsprozess, kann es zu einem schalen Geschmack im und Geruch aus dem Mund kommen. Hier kann Anis helfen: Anissamen kauen verbessert den Atem und wirkt gegen schlechten Geschmack im Mund, außerdem steigert es die Produktion von Speichel und Magensaft. Zwischen Daumen und Zeigefinger ein paar Samen nehmen und gut kauen.

WOCHE 1
TAG 3

Man soll den Tag ja nicht vor dem Abend loben. Aber hey – ich hab' einen viel entspannteren Nacken heute! Dabei hab' ich bei dieser Nackenübung gestern noch gedacht: Eine Ja-Sager-Übung, das bringt's aber gar nicht für mich. Eine Nein-Sager-Übung, das ist, was ich brauche! Überhaupt fühle ich mich besser. Ich hab' mich sogar dabei ertappt, dass ich beim Abräumen des Frühstückstisches vor mich hingesummt habe. Kann mich gar nicht erinnern, wann ich das zuletzt gemacht habe.

Heute geht's wieder ab ins Büro. Zugegeben: Davor hatte ich ein bisschen Bammel. Die Schreibtischlade voller süßer Versuchungen und die Mittagspause traditionell mit Kollegin Monika in unserem Stammlokal. Dort gibt's vorwiegend Hausmannskost. Das Bratl mit Saft und Knödel ... Hach! Und die Mehlspeise danach – ein Traum! Aber ich werde stark bleiben. Ich hab' Gemüsereis vorgekocht. Für Monika hab' ich auch eine Portion gemacht. Bin gespannt, ob sie sich auf das Experiment einlässt oder mich fragt, ob ich ein Problem habe und darüber reden möchte.

Gemüsereis

Zutaten:

- · 1 Tasse Reis
- · 2 Tassen Gemüsebrühe
- · Gemüse nach Geschmack – zum Beispiel Lauch, Karotte, Pastinake, Bleichsellerie ...
- · Olivenöl
- · etwas Gemüsebrühe extra
- · Glutenfreie Sojasauce
- · 1 EL frische Kräuter (Petersilie, Koriander, Schnittlauch usw.)

Zubereitung:

- Der Reis soll in gesalzener Gemüsebrühe zugedeckt auf kleiner Flamme vor sich hin köcheln. Gemüse klein schneiden und bei milder Hitze mit etwas Gemüsebrühe weich schmoren lassen. Fertig gekochten Reis dazugeben und alles gut vermischen. Wenn es zu trocken wirkt, noch ein bisschen Gemüsebrühe dazugeben. Mit glutenfreier Sojasauce abschmecken und mit den frischen Kräutern anrichten. Fertig!

TIPP Wer gerne Reis zum warmen Frühstück hat, aber nicht schon in aller Früh Reis kochen möchte: Einfach gleich ein bisschen mehr kochen und am nächsten Tag in der Pfanne aufwärmen. Funktioniert auch mit Getreiden. Sind problemlos mehrere Tage im Kühlschrank haltbar.

WASSER & WICKEL

Der Leberwickel

Mit einem entspannenden Wickel die Leber unterstützen: Sie brauchen dazu eine Wärmeflasche, ein Hand- und ein Badetuch. Breiten Sie das Badetuch quer über das Bett. Falten Sie das Handtuch ein Mal der Länge nach zusammen. Tauchen Sie eine Hälfte des gefalteten Handtuchs in warmes Wasser und winden Sie es gut aus. Legen Sie die Wärmeflasche auf den feuchten Bereich und schlagen Sie die trockene Seite darüber. Legen Sie sich ins Bett und platzieren Sie die feuchte Seite des Handtuchs mitsamt der Wärmeflasche auf dem rechten Oberbauch. Wickeln Sie das Badetuch unterhalb Ihrer Achseln um Ihren Oberkörper, decken Sie sich gut zu und bleiben Sie 30 bis 60 Minuten liegen. Sollte der Wickel früher auskühlen, nehmen Sie ihn ab. Ruhen Sie noch eine halbe Stunde nach.

Wirkt besonders wohltuend nach dem Essen oder einem ausgedehnten Spaziergang sowie als Einschlafhilfe. Stärkt die Leber und unterstützt sie beim Entgiften und Entschlacken.

Kommen Sie spielerisch (wieder) in Bewegung

Erinnern Sie sich an Ihre Kindheit. Was haben Sie gerne gemacht? Sind Sie gerne Rad gefahren? Sind Sie gerne geschwommen? Seil gesprungen? Oder haben Sie es geliebt zu tanzen? Sind Sie stundenlang gewandert und haben die Umgebung erkundet? Wenn Ihnen das als Kind Spaß gemacht hat: Vielleicht macht es Ihnen auch heute noch Freude? Versuchen Sie es. Sie müssen nicht sofort zur Spitzensportlerin werden. Kommen Sie spielerisch wieder in Bewegung. Entdecken Sie wieder, wie gut Ihnen Bewegung tut. Nicht nur körperlich, auch geistig und seelisch. Gerade nach einem langen Arbeitstag kann es guttun, noch ein wenig den Kopf auszulüften, Muskulatur und Gelenke durchzubewegen.

TIPP Sportliche Betätigung ist wichtig für unser Wohlbefinden – sollte aber nicht spät am Abend stattfinden, sonst hindert Sie das womöglich am Einschlafen.

Rituale geben dem Leben Tiefe

Was stärkt mich im positiven Sinn? Dieser Frage nachzugehen und es dann als Ritual in den Alltag einzubauen lohnt sich. Das können ganz einfache Dinge sein, Gesten oder Handlungen: das Aufsuchen von entspannenden Plätzen oder Rückzugsorten, wo wir Ruhe finden; Danke sagen – beim Aufwachen oder vor dem Einschlafen; das Entzünden einer Kerze und noch vieles mehr.

Am besten jeden Tag Zeit für ein wohltuendes Ritual reservieren, das die Seele stärkt. Die Wiederholung bringt eine Gewohnheit, die zur inneren Energiequelle wird. Gut eingeübt, ist dieses Ritual auch in schwierigen Situationen abrufbar und stärkt in Krisenzeiten.

Wird das Ritual zunehmend wieder vergessen, ist die Frage: Wollen Sie sich davon verabschieden oder es wieder verstärkt einbauen in den Alltag? Vielleicht haben Sie ja in all der Hektik einfach nur wieder vergessen, was Ihnen guttut.

ERNÄHRUNG

Kauen Sie genüsslich und lang

Verdauung beginnt nicht erst im Magen. Verdauung beginnt bereits im Mund. Durch das mechanische Zerkleinern der Lebensmittel mit den Zähnen und Enzyme im Speichel wird hier schon der erste Teil der Arbeit erledigt. Das Essen kommt dadurch bereits „anverdaut" im Magen an, was diesen und den gesamten folgenden Verdauungstrakt entlastet und die Verdauung reguliert. Lebensmittel werden durch diese einfache Maßnahme besser verträglich. Wer langsam isst und gut kaut, nimmt außerdem das Sättigungsgefühl besser wahr und kann aufhören, wenn es genug ist.

Oh mein Gott – ich bin so motiviert, dass ich mir schon selbst Angst mache. Mein erster Weg heute nach dem Aufstehen war nicht wie sonst zur Kaffeemaschine, sondern zur Terrassentür. Und dann weiter, raus in den Garten. Ins taunasse Gras. Barfuß. Das konnten nicht einmal meine Gartenschuhe fassen. Von meiner Familie ganz zu schweigen. Ich glaube, das habe ich zuletzt als Kind gemacht. Tatsache.

Hach, fühl' ich mich gut. Und frei. Ich denke, das werde ich zu einem Ritual erklären. Fünf Minuten am Morgen, die einfach nur mir gehören. Und meinen Füßen im nassen Gras. Natürlich ging es im Anschluss gleich los mit „Schatz/Mama, wo ist meine Krawatte/Schultasche, meine Uhr/ mein Turnbeutel, mein ...". Das konnte ich aber mit warmen Socken an den Füßen und einem so guten Gefühl im Bauch ganz entspannt nehmen. Das entwickelt sich gut. Das entwickelt sich sehr gut! Ach ja, Kollegin Monika übrigens hat mich gestern wirklich überrascht. Nicht nur, dass sie mit mir meinen Gemüsereis gegessen hat – sie hat aus Solidarität auch auf ihre über alles geliebte Mehlspeise am Nachmittag verzichtet.

Griechisches Fenchelgemüse

Zutaten:

- · 2 Fenchelknollen geviertelt
- · 4 Tomaten gewürfelt
- · Olivenöl
- · 3 Knoblauchzehen in feine Scheiben geschnitten
- · 1 Tasse Gemüsebrühe
- · Saft einer halben Zitrone
- · Majoran
- · Koriandersamen gestoßen
- · Salz, Pfeffer
- · 1 EL Tomatenmark
- · ½ Bund glatte Petersilie fein gehackt

Zubereitung:

- Das Öl in einem Topf heiß werden lassen, Kräuter darin kurz anbraten, Fenchel zugeben und von allen Seiten braun anbraten. Mit der Gemüsebrühe ablöschen, Zitronensaft über den Fenchel gießen, mit Salz und Pfeffer abschmecken. Die Tomaten und das Tomatenmark zugeben.
- Das Gemüse zugedeckt ca. 15 Minuten garen, bis der Fenchel weich ist. Mit Petersilie bestreuen und sofort servieren.
- Dazu passen Salzkartoffeln.

WASSER & WICKEL

Wassertreten, Tautreten, Schneelaufen

30 bis 40 Schritte im Storchengang durch kaltes Wasser gehen (dabei wird immer ein Bein ganz aus dem Wasser gezogen, die Zehenspitze soll Richtung Boden zeigen – so wird die Wade angespannt und unsere Lymphpumpe aktiviert), danach Wasser abstreifen und bewegen, bis die Beine wieder warm sind. Anschließend dicke Socken anziehen. Wirkt stabilisierend auf Herz und Kreislauf, das Immunsystem wird gestärkt. Am Abend ist es schlaffördernd. **Wichtig: Die Beine müssen vor der Anwendung warm sein und anschließend muss für ausreichende Wiedererwärmung gesorgt werden.**

Wer weder Bach noch Becken in der Nähe hat: Wassertreten ist auch in einem Kübel möglich.

Oder darf es Tau- und Schneelaufen sein? Fünf Minuten durch den taufrischen Garten laufen oder im frischen Schnee. Auch dann im Anschluss natürlich schnell rein in die warmen Socken. Herrlich!

HEILKRÄUTER

Holunder

Ein Bad mit Holunderblüten regt das Immunsystem an und hilft bei der Vorbeugung von Viruserkrankungen. Es kann bei Kältegefühlen von innen wärmen und so eine „Verkühlung" eventuell verhindern. Eine Tasse Holunderblütentee dazu macht die Schwitzkur perfekt. **Wichtig ist, wegen der Kreislaufbelastung kein Vollbad, sondern nur ein Dreiviertelbad (Arme bleiben draußen) zu nehmen.**

Wofür sind Sie heute dankbar?

Da ist der Ärger in der Früh, weil wir im Stau stehen, der Chef, der uns im Nacken sitzt, oder die Kundin, die sich lautstark beschwert hat. All das tragen wir mit uns herum, erzählen es Partnern, Freundinnen und Freunden – und machen es damit immer größer und größer. Oft nehmen wir es sogar abends noch mit ins Bett.

Aber seien wir ehrlich: Es gibt so vieles, wofür man dankbar sein kann. Für Kleinigkeiten und große Geschenke, für ein Lächeln, ein tröstendes Wort, eine freudige Begrüßung, Hilfe zur rechten Zeit ...

TIPP Machen Sie es sich zur Gewohnheit, jeden Abend vor dem Einschlafen den Tag Revue passieren zu lassen und nur darauf zu schauen, wofür Sie heute danken dürfen. So beenden Sie den Tag mit einem guten Gedanken. Also: Wofür sind Sie heute dankbar? Am besten halten Sie das in Ihrem Notizbuch fest.

ERNÄHRUNG

Geben Sie dem Leben die richtige Würze

Gewürze sind nicht nur dazu da, unsere Gerichte schmackhafter zu machen. Jedes Gewürz hat auch seine Wirkung. Senf, Kurkuma, Ingwer, Zimt, Kardamom, aber auch Cayenne-, schwarzer Pfeffer und Kreuzkümmel zählen zu den Gewürzen, die den Stoffwechsel ankurbeln und Ihnen somit beim Abnehmen helfen können.

Neben dem ausgiebigen Würzen Ihrer Speisen können Sie beispielsweise einen Krug Leitungswasser aufpeppen, indem Sie Zitronenscheiben (Bio-Zitronen!) und etwas Cayennepfeffer dazugeben. Schmeckt nicht nur erfrischend, sondern bringt auch Ihren Stoffwechsel auf Touren.

WOCHE 1
TAG 5

Am liebsten würde ich sofort ins Bad laufen und mich auf die Waage stellen. Aber irgendwann während einer meiner zahllosen Diäten hab' ich mir geschworen: Ab jetzt nur noch ein Mal pro Woche auf die Waage. Gefühlsmäßig würde ich aber sagen: Und es bewegt sich doch! Und zwar diesmal in die richtige Richtung. Mann und Kindern ist meine gute Laune etwas unheimlich. Und, dass ich sie heute Morgen freundlich, aber bestimmt selbst auf die Suche geschickt habe nach ihrem Kram. Kurze Verwirrung – aber dann sind sie brav losgeschlurft. Na also. Geht doch.

Mit der Bewegung ist das noch so eine Sache. Meine Aktivitäten haben sich in den vergangenen Jahren ja beschränkt auf kurze Spaziergänge (an deren Ende ein Kaffeehausbesuch stand). Aber als ich in einem Anfall von Motivation gestern die zwei Stockwerke zu unserem Büro nicht mit dem Aufzug, sondern mit meinen eigenen zwei Beinen bewältigen wollte, war ich dann doch ein bisschen schockiert, dass mich das außer Atem gebracht hat. Nicht gut. Gar nicht gut. Das muss sich ändern. Heute gehe ich zu Fuß zur Arbeit. Also: Ich muss los!

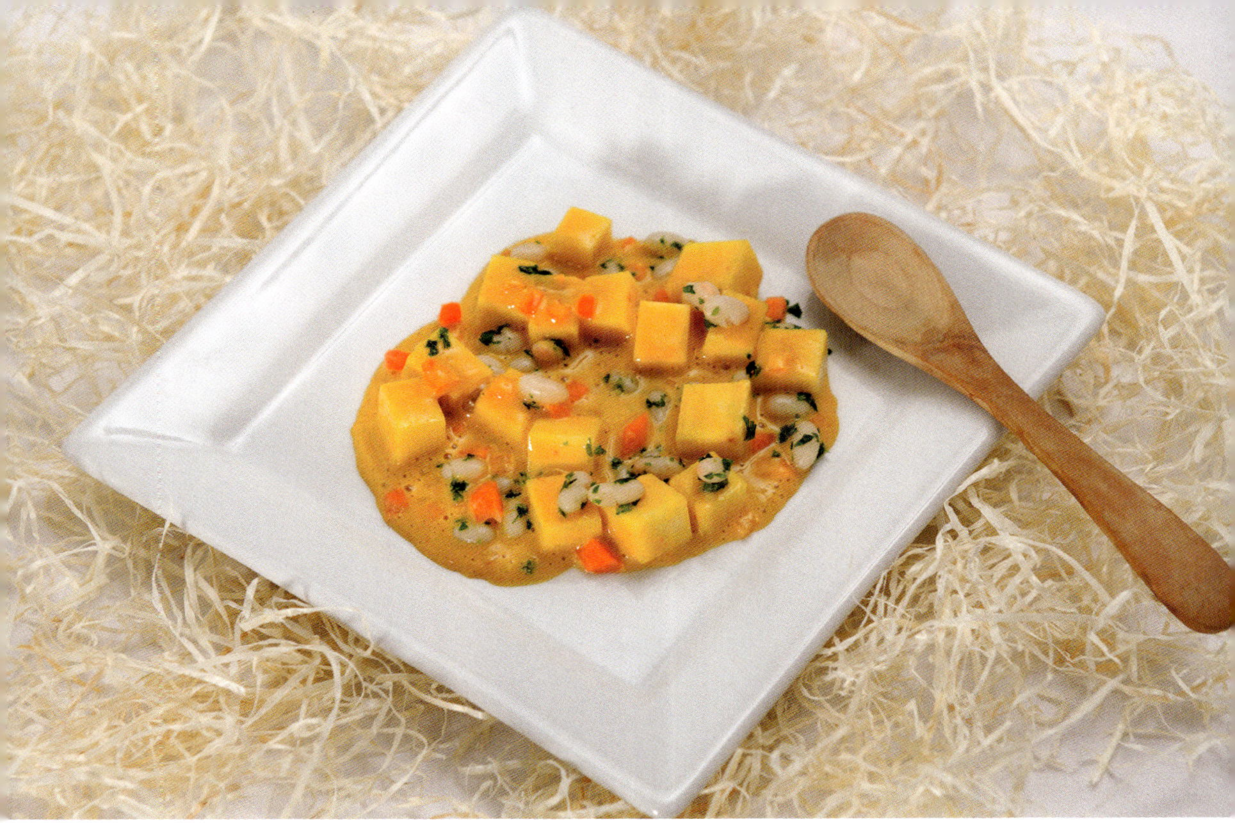

REZEPT

Curry von Kohlrübe und weißen Bohnen

Zutaten für den Curryansatz:

- 1 Zwiebel fein gewürfelt
- 2 Knoblauchzehen fein gehackt
- 1 EL Rapsöl
- 100 g Kohlrüben (Kohlrabi) fein gewürfelt
- 1 Tasse Gemüsebrühe
- Salz, Currypulver, Apfelessig, Honig
- ev. Kumin (Kreuzkümmel)

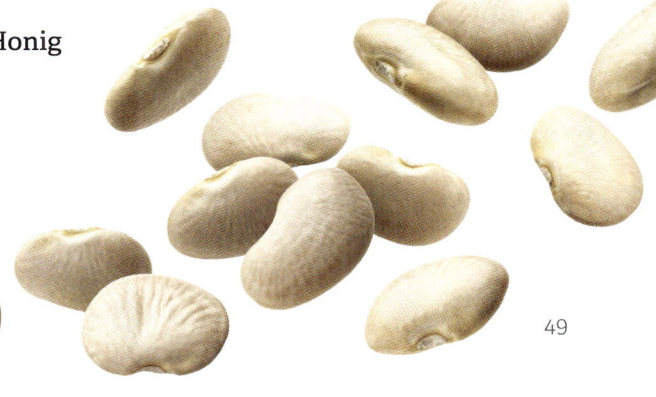

Zutaten für das Curry:

- · 200 g Kohlrüben (Kohlrabi) in zwei Zentimeter große Würfel geschnitten
- · 50 g weiße Bohnen eingeweicht
- · 1 EL Bohnenkraut
- · 2 kleine Karotten gewürfelt
- · 2 EL Petersilie fein gehackt

Zubereitung:

- Für den Curryansatz Zwiebel in Rapsöl hell anschwitzen, Knoblauch und Kohlrübenwürfel dazugeben. Mit der Gemüsebrühe aufgießen und etwa 30 Minuten köcheln lassen, bis das Gemüse sehr weich ist. Sehr fein pürieren und mit Salz, Curry, Apfelessig und Honig pikant abschmecken.
- Für das Curry Kohlrübenwürfel und Karotten im Dampfgarer oder im Siebeinsatz bissfest dämpfen. Bohnen im Einweichwasser gemeinsam mit Bohnenkraut weich kochen. Kürbis, Karotten und Bohnen mit der Sauce vermischen, aufkochen und noch einmal abschmecken. Mit Petersilie anrichten und mit Reis servieren.

TIPP Dieses Gericht kann mit jedem festen Gemüse zubereitet werden. Kohlrüben findet man frisch oder als Lagerware in Bioläden oder auf dem Wochenmarkt.

BEWEGUNG

Ein Tag zu Fuß. Geht doch!

Einfach einmal Auto, Straßenbahn, U-Bahn, Bus links liegen lassen und losmarschieren! Was das bringen soll? Regelmäßiges Gehen hat viele positive Effekte. Es reduziert nachweislich das Risiko für Herz-Kreislauf-Erkrankungen oder Darmkrebs. Depressive Verstimmungen lassen Schritt für Schritt spürbar nach. Und: Die Umwelt wird geschont.

Planen Sie aber genügend Zeit ein für Ihren Fußmarsch und meiden Sie vielbefahrene Straßen. Wählen Sie gutes Schuhwerk und nehmen Sie keinen unnötigen Ballast mit. Und dann: Genießen Sie, dass Sie beim Gehen auch Ihre Umgebung viel bewusster wahrnehmen als beim Fahren.

ERNÄHRUNG

Erstellen Sie einen Speiseplan

Viele kennen das: Von der Arbeit nach Hause kommen – und jetzt soll noch ruckzuck Essen auf den Tisch gezaubert werden. Aber dann geht erst die Grübelei los: „Was koche ich heute?" Beziehungsweise: „Was haben wir überhaupt zuhause?" Helfen Sie sich selbst, indem Sie schon vorab einen Speiseplan für die Woche erstellen. So lässt sich auch Ihr Vorsatz, gesünder zu essen, leichter umsetzen. Denn gesunde Ernährung lässt sich gut planen. Und Sie laufen weniger Gefahr, wieder in alte Muster zurückzufallen.

Holen Sie sich Inspiration: in Kochbüchern, bei Freundinnen. Beziehen Sie Überlegungen ein, welches Obst oder Gemüse gerade Saison hat, was Ihr Garten gerade hergibt, was aus Ihrem Kühlschrank verbraucht werden muss. Wie sieht es aus mit Ihren Lieblingsrezepten? Lässt sich das eine oder andere Gericht vielleicht gesünder zubereiten? Oft sind es einfach nur Gewohnheiten, nach denen wir kochen – die sich aber ganz einfach ändern lassen. Müssen es immer die Pommes aus der Tiefkühlabteilung sein? Wie wäre es stattdessen mit selbst gemachten Wedges?

Anfangs bedarf ein solcher Speiseplan vielleicht ein wenig Aufwand – letztlich aber sparen Sie Zeit und Geld, weil Sie effizienter arbeiten und Ihre Vorräte besser kalkulieren können.

TIPP Aus den Augen, aus dem Sinn: Damit weniger Reste im Kühlschrank verderben, können Sie statt Plastikdosen Einmachgläser für die Aufbewahrung verwenden. So sehen Sie immer auf einen Blick, was noch aufgebraucht werden muss.

LEBENSORDNUNG

Ich schalte jetzt einmal ab

Auch wenn wir das oft glauben: Wir müssen nicht immer und überall erreichbar sein, sofort auf alle E-Mails antworten und alles innerhalb einer Sekunde erfahren! Digitales Detox heißt das Schlagwort der Stunde. Fasten bei Handy- und Computer-Nutzung. So können wir etwas Tempo herausnehmen aus unserem oft beruflich schon genug fordernden Alltag. Lassen wir uns nicht auch privat noch hetzen. So bleibt wieder Zeit für ein gutes Buch, ein langes Gespräch, erholsamen Schlaf.

Auch zuhause lassen sich Offline-Zonen einrichten. Am Esstisch, im Schlafzimmer, im Badezimmer etwa sollte das Handy Sendepause haben. Das bringt Lebens- und Beziehungsqualität. Und bei Ausflügen oder einem Aufenthalt im Curhaus kann schon vorab mit den Liebsten geklärt werden: Auch das Handy hat jetzt ein paar Tage Urlaub. So wird die wohlverdiente Pause vom Alltag noch erholsamer. Gönnen Sie sich bewusst mehr Zeit offline. Das ist der neue Luxus unserer Zeit!

Schachtelhalm

Durch einen hohen Gehalt an Kieselsäure ist eine Gesichtsmaske mit Schachtelhalm eine wahre Wohltat für die Haut. 2 EL Kraut in einem Vierteliter kaltem Wasser ansetzen und über Nacht stehen lassen, am Morgen aufkochen, ein Tuch mit dem Brei gut befeuchten und auf das Gesicht legen. Zehn bis 15 Minuten genießen und einwirken lassen.

Ja, ich geb's zu: Gestern Abend bin ich schwach geworden. Müde (hohe Motivation, aber leider fehlende Kondition trafen gemeinsam auf meinen „Tag zu Fuß"), etwas ausgelaugt vom Vormittag im Büro, dem anschließenden Tauziehen mit dem Ältesten darum, ob dreckige Socken wirklich die geeignete Dekoration sind für einen Couchtisch und wer sie denn nun in sein Zimmer trägt, dem Brüten über den Hausaufgaben mit den beiden Jüngeren, kochen, aufräumen und dem erfolglosen Versuch, den Mann weg vom Fernseher und hin zu einem netten gemeinsamen Abend zu bringen – es endete, wie es enden musste: vor meiner Schokolade-Lade. Wobei vor der Lade ja noch das kleinste Problem gewesen wäre. Aber ich landete natürlich mittendrin. Die gute Nachricht: Ich habe nicht wie sonst verdrückt, was mir zwischen die Finger gekommen ist. Zumindest nicht alles. Trotzdem: Der restliche Inhalt der Lade ist heute Früh in eine Tasche und umgehend aus meinem Blickfeld gewandert. Der kommt morgen zur freien Entnahme zur Kaffeemaschine im Büro.

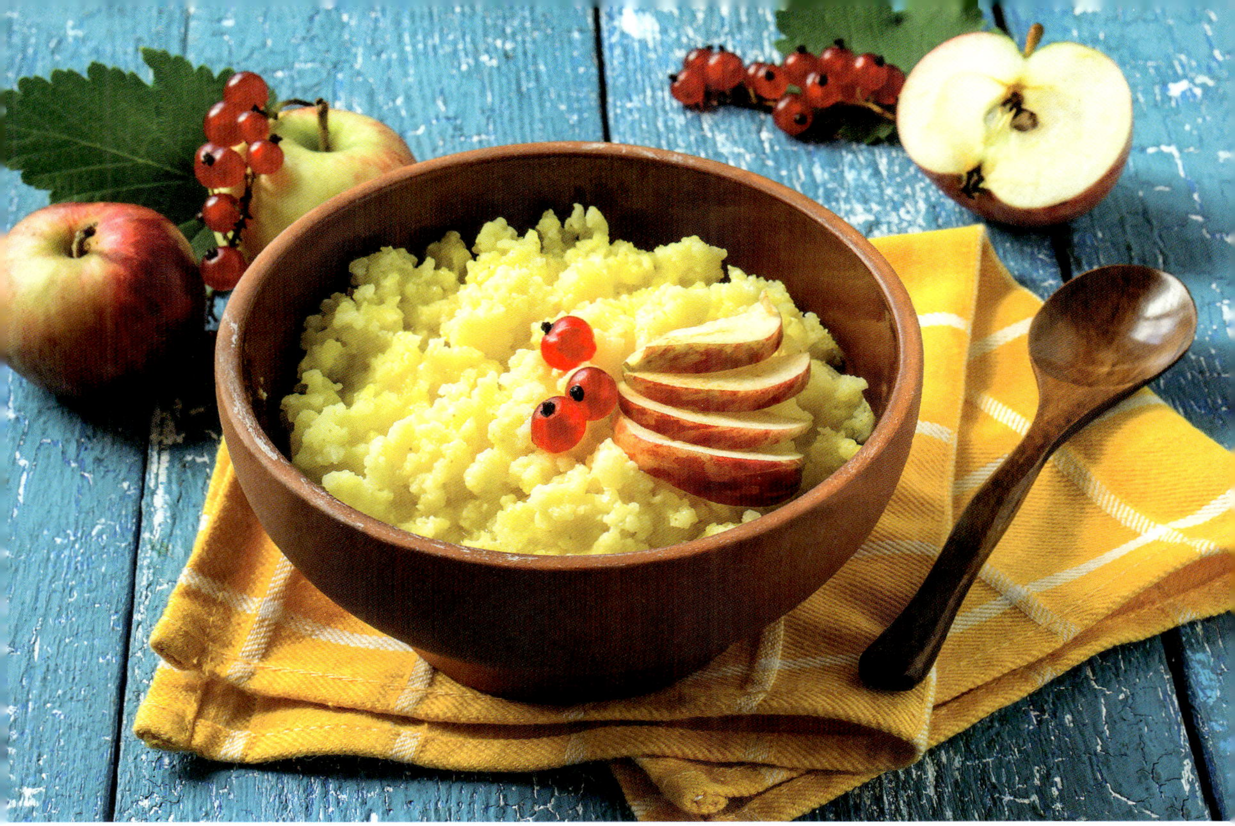

REZEPT

Hirse mit viel Grün oder Kompott

Zutaten:

- 1 Tasse Hirse heiß und kalt gespült
- Öl
- etwas Salz
- reichlich Petersilie fein gehackt

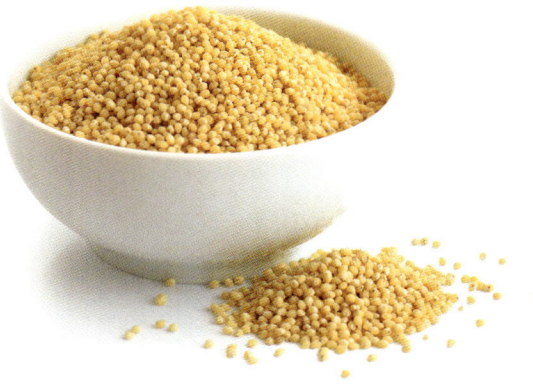

Zubereitung:

- Geben Sie die Hirse in die zweifache Menge leicht gesalzenen Wassers. Ein Mal aufkochen, dann die Temperatur stark reduzieren und ausquellen lassen. Häufen Sie die warme Hirse auf einen Teller, geben Sie etwas Öl darauf und bestreuen Sie das Ganze mit reichlich Petersilie. Mit etwas frisch gemahlenem Pfeffer und einer Prise Salz oder Gewürzen Ihres Geschmacks abschmecken.
- Wer es am Morgen lieber süß mag, reicht zur Hirse ein Obstkompott, ein Obstmus oder einen Fruchtsalat. Und kann sie dazu mit Zimt und Kardamom bestreuen.

TIPP Variieren Sie mit anderen Kräutern oder Kräutermischungen wie Basilikum, Schnittlauch, Koriander und Ähnlichem. Bestimmt kennen Sie auch ein paar Wildkräuter: Löwenzahnblätter, Giersch, Scharfgarbe, Vogelmiere, Bärlauch … Diese kommen im Frühling zeitig oder es gibt sie überhaupt das ganze Jahr über. Wildkräuter sind fantastische Vital- und Bitterstofflieferanten. Verbinden Sie doch einen Spaziergang mit der Suche nach Wildkräutern!

ERNÄHRUNG

Umgang mit Süßem

Zucker war einst teuer und wurde sogar als Heilmittel eingesetzt. Heute jedoch lauert die überzuckerte Versuchung überall – selbst in vielen vermeintlich „sauren" Produkten wie Aufstrichen, Essiggurken, Fertiggerichten. Die bittere Wahrheit aber ist: Zu viel Zucker macht krank. Hier ein paar Tipps zum Umgang mit Süßem:

- Lagern Sie keinen Süßigkeitenvorrat zu Hause. Wenn es da ist, wird's gegessen.
- Wenn Sie naschen, dann gleich nach dem Mittagessen. Unterbrechen Sie Ihre Nahrungspause nicht für Süßes.

- Sirupe, Erfrischungsgetränke und auch (verdünnte) Obstsäfte enthalten große Mengen Fruchtzucker. Sie sind keine Flüssigkeitslieferanten, sondern Genussmittel.
- Kochen Sie Obstkompott vor und essen Sie eine Schale davon, wenn Sie der Heißhunger auf Süßes überfällt. Das mindert schon nach wenigen Tagen das Verlangen nach Zucker.
- Vermeiden Sie „versteckten" Zucker. Nehmen Sie sich die Zeit und studieren Sie beim Einkaufen die Zutatenlisten. Verzichten Sie auf hoch verarbeitete Produkte (lange Zutatenlisten!). Fast überall werden Sie Zucker finden. Bereiten Sie also am besten so viel wie möglich selbst zu.
- Stöbern Sie in der Kochbuchabteilung der Buchhandlung Ihres Vertrauens. Es gibt schon eine ganze Anzahl an Büchern zu zuckerreduziertem oder -freiem Kochen und Backen.

WASSER & WICKEL

Ansteigender Leber- oder Rückenguss

Ihre Leber stärken und sich gleichzeitig entspannen können Sie auch zwischendurch einmal daheim in der Dusche. Legen Sie sich vor Beginn des Gusses ein Badetuch und einen Bademantel griffbereit zurecht. Und so wird's gemacht: Den Brauseschlauch über die rechte Schulter legen und Wasser den Rücken hinunterfließen lassen. So erreichen Sie den Bereich der Haut, der über die Nervenbahnen mit der Leber in Verbindung steht und diese somit auch beeinflusst.

Beginnen Sie mit einer Temperatur von etwa 35 Grad und steigern Sie die Wärme langsam so weit, bis es für Sie heiß genug ist, jedoch bis höchstens 45 Grad. Trocknen Sie sich nach der Anwendung gleich ab und ziehen Sie den Bademantel an. Halten Sie sich gut warm und legen Sie sich für mindestens eine halbe Stunde ins Bett. Als Variante können Sie den Leberbereich vorne unterhalb der rechten Brust begießen – auch hier die Temperatur langsam erhöhen. Der Guss unterstützt die Leber beim Entgiften und Entschlacken, wirkt leberstärkend und entspannt.

Schafgarbe

Die Haut ist unser Schutzschild nach außen und somit oft genug strapaziert. Gönnen wir ihr doch ab und zu ein bisschen Wellness in Form eines Gesichts-Dampfbades. Schafgarbe beispielsweise wirkt antibakteriell und straffend und kann sehr gut eingesetzt werden bei unreiner Haut und Neigung zu Pickeln. Schafgarbentee ist appetitanregend und verdauungsfördernd. Wenn frische Blätter vorhanden sind, können sie in den Salat gemischt werden.

LEBENSORDNUNG

Wyda – Beruhigung des Geistes

Es wird auch „Yoga auf Europäisch" genannt: Wyda ist eine Bewegungsmeditation, die ihren Ursprung in Europa hat. Täglich praktiziert, stärkt Wyda die Muskeln, fördert die Beweglichkeit und hilft, die verschiedenen Ebenen von Körper, Geist und Seele zu harmonisieren. Wyda-Übungen sind ähnlich wie im Tai Chi oder Yoga, nur einfacher. Somit kann Wyda bis ins hohe Alter praktiziert werden.

Wyda-Übung: Beruhigung des Geistes

Diese Übung schafft innere Ruhe – die Voraussetzung zur Entstehung von Harmonie. Lassen Sie währenddessen Ihre Gedanken frei fließen. Besonders empfehlenswert ist diese Übung in der Nähe von fließendem Wasser, beispielsweise einem Bach.

Je nach Tageszeit wirkt diese Wyda-Übung anders auf Körper und Geist. Morgens kann sie eingesetzt werden bei körperlicher Unruhe, zur Mittagszeit bei bedrückenden Gedanken, abends bei gefühlsmäßiger Unruhe und um Mitternacht bei übermäßig zwanghaftem beziehungsweise analytischem Denken.

Ablauf

- Ausgangsstellung: schulterbreiter Stand
- Die Arme hängen seitlich vom Körper und berühren ihn nicht
- Gedanken dürfen frei sein
- Mit einer Einatmung die Arme nach innen und oben kreisen lassen, sodass sie sich vor der Brust kreuzen
- Am Ende des Kreises hängen die Arme erneut seitlich vom Körper, dabei zeigen die Handflächen nach vorne
- Die Arme werden leicht gebeugt, als würden wir einen Baum umarmen, vor dem Körper nach oben geführt, sodass wir dabei in unsere Handflächen blicken – die Fingerspitzen zeigen zueinander, berühren sich aber nicht
- Der Blick bleibt in den Handflächen und wandert mit ihnen nach oben
- Während die Arme und der Blick wandern, drücken wir uns langsam auf die Zehenspitzen / Fußballen
- In dieser Position werden die Augen geschlossen und wir halten inne, bis unsere Gedanken zur Ruhe kommen
- Ist dieser Punkt erreicht, sinken wir, ohne die Augen zu öffnen, wieder auf die Füße zurück in die Anfangsposition und spüren einige Zeit nach

Drei Kilo. Drei Kilo!!! Diesmal aber nicht mehr, sondern weniger auf der Waage!!! Nach einem kleinen Jauchzer und einem diesem Anlass durchaus angemessenen Freudentanz hat es mich ein paar tiefe Atemzüge gekostet, bevor ich das Badezimmer wieder halbwegs gefasst verlassen konnte. Mann und Kinder sind ohnehin schon leicht ratlos ob meiner seltsamen Wandlung. Wenn ich dann auch noch jubelnd um den Frühstückstisch tanze – das würde sie momentan vielleicht dann doch überfordern.

Aber hey – jetzt bin ich richtig motiviert. Da geht noch mehr! Also: Zum inzwischen fix eingeplanten Fußweg zur Arbeit und retour, meinem neuen Motto „Lass den Aufzug Aufzug sein, schalte deine Beine ein" (okay, nicht alles, was sich reimt, ist gut – aber lustiger als „Nimm die Treppe statt des Aufzugs" allemal) und meiner ebenso neuen Devise, das Auto beim Einkaufen jetzt nicht mehr möglichst nah beim, sondern möglichst fern vom Supermarkteingang zu parken (auch so lassen sich Meter machen!), kommt heute noch eine Runde Training für die Faszien. Ha!

Gemüse aus dem Wok mit Reis

Eine tolle Möglichkeit, aus Gemüseresten ein herrliches Gericht zu zaubern. Nach dem Motto: „Kühlschrank auf und einfach schauen, was da ist" verwenden Sie das Gemüse, das Sie zu Hause haben. Gut geeignet sind etwa Karotten, Fenchel, Mangold, Chinakohl, Paprika, Zucchini, Auberginen, Pilze, Broccoli, Pastinaken, Kohlsprossen, Fisolen, Knollensellerie und Ähnliches.

Wählen Sie drei bis vier möglichst bunte Gemüsesorten aus und schneiden Sie diese zum Beispiel in Streifen, etwa wie Bandnudeln.

- · Zwiebel fein gehackt
- · Knoblauch fein gehackt oder blättrig geschnitten
- · etwas Ingwer fein gehackt
- · Koriandersamen gemahlen
- · etwas Chili gemahlen
- · Kreuzkümmel gemahlen
- · etwas Zimt
- · Senfsamen gemahlen
- · Salz, Pfeffer
- · glutenfreie Sojasauce
- · Öl

Zubereitung:

- Während Sie den Reis kochen, können Sie bereits Öl erhitzen, Zwiebel, Knoblauch, Ingwer und die Gewürze anbraten. Das Gemüse dazugeben, kurz mitbraten. Dann mit etwas Wasser oder Gemüsebrühe angießen und dünsten lassen. Mit glutenfreier Sojasauce pikant abschmecken und mit Reis servieren.

TIPP Alle Gemüsesorten und Gewürze sind variabel! Wenn Sie ein Gewürz nicht zu Hause haben, lassen Sie es einfach weg.

ERNÄHRUNG

Der richtige Treibstoff macht's aus

Nicht nur wie, sondern natürlich auch was wir essen, hat einen großen Einfluss auf unsere Verdauung, aber auch unser Immunsystem. Und unser allgemeines Wohlbefinden sowieso. Was wir unserem Körper zuführen, verwendet er als Treibstoff – und nimmt es auf bis in die Zellen. Wollen wir, dass er gut funktioniert, heißt es also, dem Körper hochwertigen Treibstoff zur Verfügung zu stellen. Das sind Lebensmittel, die auch noch als solche zu erkennen sind – also Gemüse, Obst oder auch ein Stück Fleisch. Wenn Sie verarbeitete Lebensmittel kaufen, achten Sie auf die Zutatenliste. Je mehr Zutaten (vor allem Konservierungsstoffe), desto weiter weg ist das Produkt von einem frischen, echten Lebensmittel. Biologisch, regional und saisonal sollte das Motto lauten. Nehmen Sie dieses Programm zum Anlass, sich mehr mit dem auseinanderzusetzen, was Sie Ihrem Körper zuführen wollen – und was nicht.

WASSER & WICKEL

Ölziehen

Gleich am Morgen, unmittelbar nach dem Aufstehen auf nüchternen Magen einen Esslöffel hochwertiges Öl in den Mund nehmen. Das Öl für etwa zehn Minuten entspannt im Mund hin und her bewegen und durch die Zähne ziehen. Anschließend in ein Taschentuch oder ein Stück Küchenrolle spucken und im Müll entsorgen. Den Mund mit lauwarmem Wasser ausspülen und dann die Zähne putzen.

Diese Anwendung wirkt stark entlastend und antibakteriell, stärkt Zähne und Zahnfleisch, ist gut gegen Kopfschmerzen sowie bei grippalen Infekten, Magengeschwüren und -entzündungen, Ekzemen, Neurodermitis und Schuppenflechte. Besonders geeignet ist kalt gepresstes, biologisches Sonnenblumenöl, weil es Giftstoffe sehr gut bindet.

BEWEGUNG

Bewegung für die Faszien

Wirksames Training für das Bindegewebe, trainiert und regeneriert die Faszien: Sie stehen, die Füße parallel, heben und senken die Fersen. Steigern Sie das Tempo, bis die Bewegung in ein sanftes Wippen übergeht. Eventuell auf eine Stufe stellen, die Fersen sind frei, Zehenstand, Fersen absenken und wippen. Abschließend die Fußsohle mit einer Faszienrolle oder einem kleinen Ball massieren.

TIPP Spüren Sie vor und nach der Übung in Ihren Körper hinein. Schließen Sie die Augen, nehmen Sie einfach nur wahr: Wie berühren die Fußsohlen den Boden? Stehen Sie eher auf den Zehenballen oder auf den Fersen? Auf der Innen- oder auf der Außenkante? Wie fühlen sich die Körperhälften an im Verhältnis zueinander? Fühlt sich eine größer, stärker an als die andere – oder sind sie gleich? Fühlt es sich an, als wären Ihre Schultern auf unterschiedlicher Höhe – oder auf gleicher? Und was ist mit Ihrer Armlänge? Fühlt es sich an, als wäre ein Arm länger als der andere – oder sind sie gleich? Wenn Sie vor und nach der Übung vergleichen: Können Sie einen Unterschied wahrnehmen? **Wichtig: Trainieren Sie nicht über den wohltuenden Schmerz hinaus.**

LEBENSORDNUNG

Bitte lächeln

Auch wenn Ihnen heute nicht danach sein sollte: Lächeln Sie trotzdem! Gehen Sie auf die Straße und beobachten Sie die Leute – lächeln ist eine Kunst, die viele Menschen nicht (mehr) beherrschen. Lächeln Sie die negative Energie, die in Ihnen steckt, einfach weg. Auch das braucht Übung, doch schon bald wird aus einem aufgesetzten Lächeln ein Lächeln, das von innen kommt. Und wenn Sie sich kurz ärgern und das Gesicht dementsprechend verziehen, ist das in Ordnung. Aber nur kurz – und dann lächeln Sie einfach darüber!

Durch wiederholtes Lächeln und eine offene, aufrechte Körperhaltung können Gemütsstörungen unterbrochen und die neuronalen Fähigkeiten des Gehirns zur Aufrechterhaltung einer positiven Lebenseinstellung gestärkt werden. Wenn Sie wollen, können Sie auch darüber lächeln – Hauptsache Sie lächeln!

TAG 8

Zeit, eine erste Bilanz zu ziehen. Auf der Haben-Seite: drei Kilo weniger auf der Waage, mehr Energie, mehr Leichtigkeit, mehr Gelassenheit. Ich schlafe jetzt auch besser (1:0 für Leberwickel und Kniequss im Kampf gegen Einschlafprobleme, hurra!). Kollegin Monika fand nicht nur die Mittagspause mit Gemüsereis statt Bratl eine nette Idee, sondern meint auch, dass mir offensichtlich guttut, was immer ich da mache. Zumindest wirke ich im Büro weniger genervt, meint sie. Fast schon ausgeglichen. Und das trotz Schokoladen-Torten-eigentlich-alles-was-ich-sonst-so-liebe-Entzugs! Auf der Soll-Seite: immer noch zwölf Kilo zu viel, immer noch ein Mann, der mich nicht mehr wirklich beachtet, immer noch Kinder, die in eine tiefe Sinnkrise stürzen, wenn das W-LAN ausfällt und die ein aufgeräumtes Wohnzimmer innerhalb von drei Minuten aussehen lassen können, als wäre ein Tornado durchgefegt. Und das mit dem Kaffee und den Zigaretten ist noch so eine Sache. Aber gut – man kann nicht alles auf einmal haben. Da mach' ich mir jetzt einfach mal keinen Stress. Auf in Woche zwei also.

Pikante Krautsuppe

Zutaten:

- ½ Zwiebel fein gewürfelt
- 1 Knoblauchzehe fein gehackt
- Rapsöl
- 200 g Weißkraut in Streifen geschnitten
- 1 Karotte geschält, in Streifen geschnitten
- 1 Stück Lauch in Ringe geschnitten
- 3 mittlere Kartoffeln fest kochend, geschält, gewürfelt
- 800 ml Gemüsebrühe
- Salz, gemahlener Kümmel, etwas Paprikapulver
- Pfeffer schwarz frisch gemahlen
- ½ Bund Schnittlauch in feine Röllchen geschnitten

Zubereitung:

- Die Zwiebeln hell anschwitzen, den Knoblauch sowie die Gemüsestreifen zugeben und alles kurz mit anschwitzen. Mit der Brühe auffüllen. Die Kartoffeln zugeben, kräftig würzen und ca. 15 Minuten köcheln, bis die Gemüse weich sind.
- Die Suppe mit Salz und Pfeffer abschmecken und mit Schnittlauch bestreut servieren.

BEWEGUNG

Tanzen Sie durch Ihr Leben

Wann haben Sie das letzte Mal getanzt? Einfach nur so? Es können natürlich, müssen aber keine Standardtänze sein. Ob beim Aufräumen, beim Staubsaugen, beim Putzen, ob mit Musik aus dem Radio, von einer CD oder vom Handy oder auch selbst gesungen: Wenn Sie dabei tanzen, bringen Sie nicht nur mehr Leichtigkeit und Freude in Ihr Leben, sondern machen auch Ihren Faszien ein Geschenk – denn Faszien lieben tänzerische Bewegungen. Wer möchte, kann aber natürlich auch im Walzerschritt durch die Wohnung tanzen. Ganz klar. Oder im Sirtakischritt. Oder überhaupt einen neuen Tanz erfinden.

TIPP Wenn es Ihnen Freude macht, singen Sie ruhig selbst. Singen erfreut das Gemüt und stärkt unser Immunsystem!

Jedem Tag sein Motto

Ein kleiner Zettel hier, ein Kärtchen dort: neben dem Badezimmerspiegel, am Kühlschrank, auf Ihrem Schreibtisch, auf dem Nachtkästchen … Sammeln Sie Zitate, die Sie motivieren und zum Nachdenken bringen, und lassen Sie sich immer wieder davon inspirieren. So können Sie sich zum Beispiel schon kurz nach dem Aufstehen einen Spruch aussuchen, der Sie durch den Tag begleitet. Die schönsten Sprüche können Sie auch in einer eigenen Mappe sammeln oder in ein Notizbuch schreiben. Oder Sie vereinbaren mit einer Freundin, sich jeden Tag in der Früh gegenseitig einen motivierenden Spruch aufs Handy zu senden.

Zum Beispiel:

„Die wichtigste Stunde ist immer die Gegenwart, der bedeutendste Mensch ist immer derjenige, der einem in diesem Augenblick gegenübersteht, das notwendigste Werk ist stets die Liebe." Meister Eckhart

„Erfolg hat drei Buchstaben: TUN." Johann Wolfgang von Goethe

„Wer nicht jeden Tag etwas Zeit für seine Gesundheit aufbringt, muss eines Tages sehr viel Zeit für die Krankheit opfern." Sebastian Kneipp

„Die reinste Form des Wahnsinns ist es, alles beim Alten zu lassen und gleichzeitig zu hoffen, dass sich etwas ändert." Albert Einstein

Mit welchem Spruch möchten Sie durch den heutigen Tag gehen?

Machen Sie essen zu Ihrem persönlichen Ereignis

Ob Sie alleine essen oder in Gesellschaft: Seien Sie es sich wert – essen Sie nicht schnell, schnell und vielleicht auch noch im Stehen. Machen Sie essen zu Ihrem persönlichen, kleinen Ereignis. Schaffen Sie Atmosphäre. Mit schönem Geschirr, mit Servietten, mit besonderer Dekoration auf dem Tisch, mit Kerzen und liebevoll angerichteten Speisen – was auch immer Sie möchten. Das Auge isst ja bekanntlich mit.

Sie können vor dem Essen auch kurz innehalten und sich (laut oder leise) bedanken bei all den Menschen, die Ihre Mahlzeit möglich gemacht haben – von den Bauersleuten bis hin zur Köchin oder zum Koch. Oder ein Tischgebet sprechen. Und dann: Genießen Sie und kauen Sie gut.

Vielleicht wollen Sie auch ein Zeichen einführen, mit dem der ganzen Familie signalisiert wird, wann das Essen beendet ist? Dafür eignet sich zum Beispiel ein „Kerzenritual": Solange die Kerze brennt, bleiben alle um den Tisch sitzen.

Ringelblume

Schlecht heilende Wunden, Schleimhautentzündungen in Mund und Rachen, aber auch Sonnenbrand, Frostbeulen, Ekzeme oder Hämorrhoiden: Ringelblumen können in vielfacher Weise eingesetzt werden. Bei Zahnfleischentzündung oder Aphthen (Bläschen im Mund) beispielsweise hilft Tee aus Ringelblumenblüten. Mehrmals täglich mit dem Tee spülen oder gurgeln. Ein mit Tee getränktes Tuch ist außerdem eine beruhigende Gesichtsmaske bei geröteter Haut.

TAG 9

Jetzt ist es also so weit. Tag X. Heute wartet die erste wirklich große Herausforderung: Einladung zu einer von Freundin Susis legendären Kaffeejausen. Kaffee, Torte, Kekse, Prosecco, Knabberzeug. Das volle Programm. Und die eine oder andere Zigarette. Normalerweise ein Termin, auf den ich mich schon zwei Wochen im Vorhinein freue. Diesmal hätte ich am liebsten abgesagt. Bin mir nicht sicher: a) Werde ich den Versuchungen widerstehen können? Und b) Wie werden meine Freundinnen reagieren, wenn ich so ganz gegen meine Gewohnheit nicht zugreife? Martinas Blick und das zynische Lächeln sehe ich jetzt schon vor mir ... Andererseits kann ich mich auch nicht zuhause einsperren und vor der Welt verstecken. Also stelle ich mich der Herausforderung. Ich werde hingehen (und zwar im wahrsten Sinne des Wortes, auf meinen eigenen zwei Beinen), mit meiner eigenen Nachspeise im Glas und Teebeutel in der Tasche. Und die Zigaretten bleiben diesmal einfach gleich zuhause. Punkt.

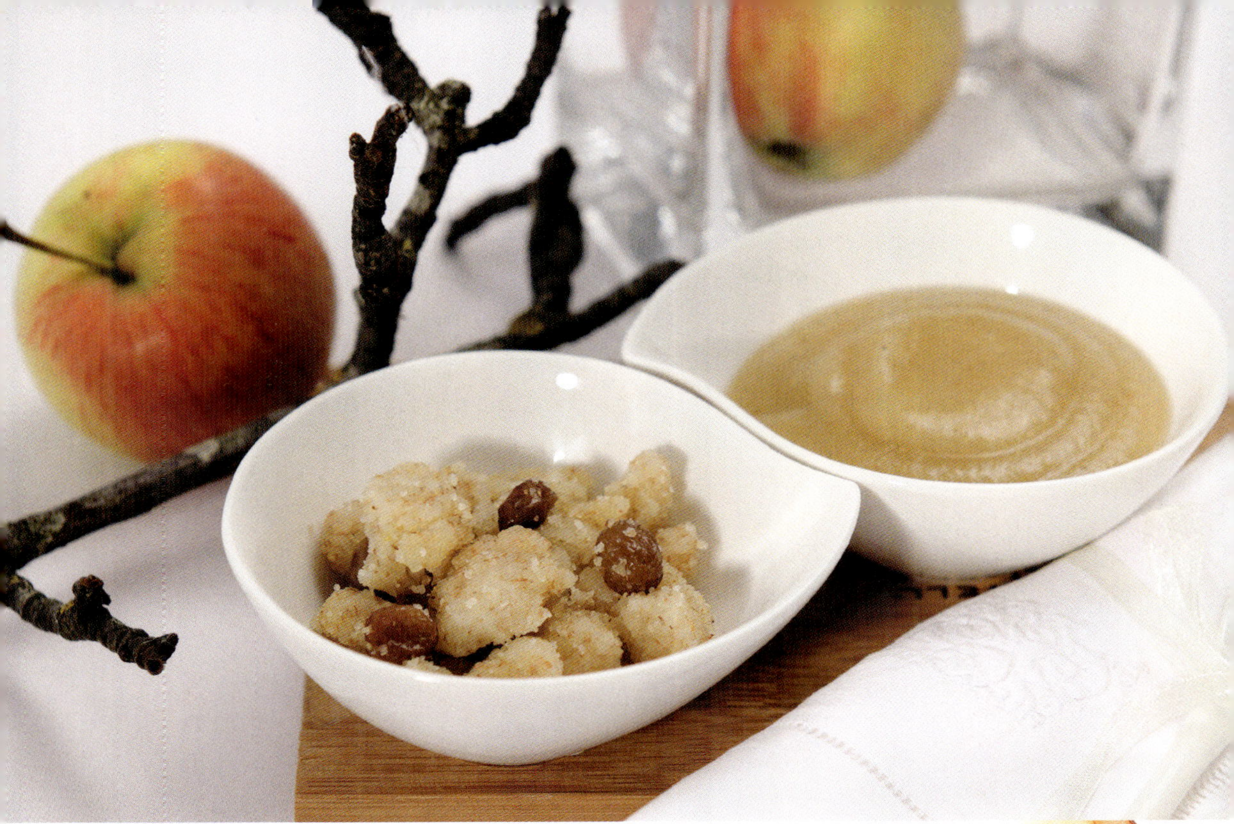

REZEPT

Buchweizen mit Apfelcreme

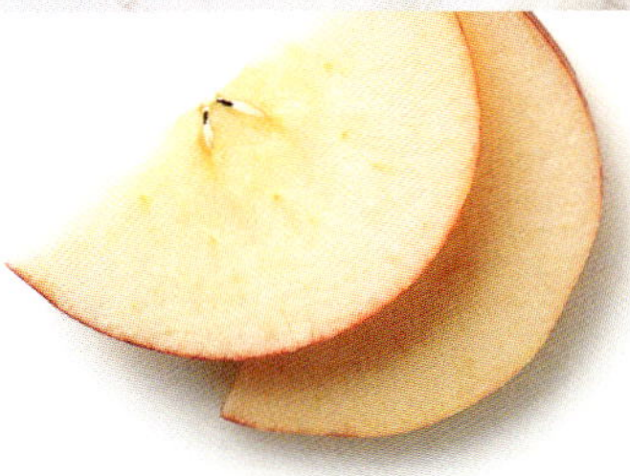

Zutaten:

- 1 Tasse Buchweizen
- 2 Tassen Wasser
- Salz
- 1 kleines Glas Apfelmus
- 1 EL Mandelmus
- Zimt, Vanille

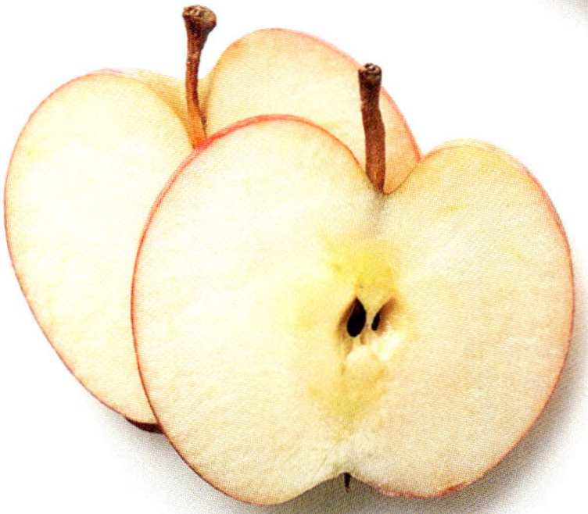

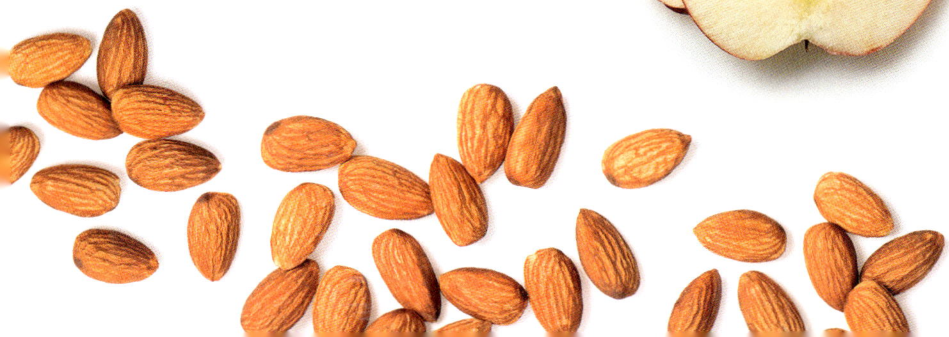

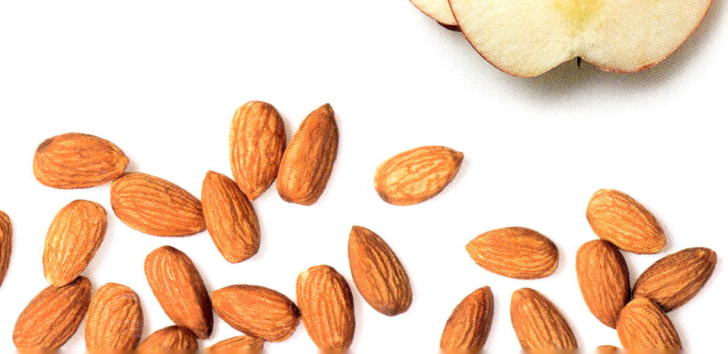

Zubereitung:

- Kochen Sie den Buchweizen in Salzwasser, rühren Sie Apfelmus mit Mandelmus und den Gewürzen glatt und cremig. Geben Sie den Buchweizen in eine Schale oder ein Glas und servieren Sie ihn mit der Apfelcreme.

TIPP Gesunde Nachspeisen oder Snacks lassen sich wunderbar vorbereiten und in einem Drahtbügelglas auch zu Einladungen oder in die Arbeit mitnehmen. Obst kann zum Beispiel in Schichten ins Glas gelegt und mit Quinoa- oder Amaranthpops verziert werden. Sieht hübsch aus und schmeckt!

LEBENSORDNUNG

Suchen Sie sich Unterstützung in Ihrem Umfeld

Veränderungen in unserem Leben und in unserer Ernährung haben nicht nur Auswirkungen auf uns, sondern auch auf unser Umfeld. Die eine oder der andere ist vielleicht ein wenig irritiert, wenn wir nicht „funktionieren" wie gewohnt, wenn wir hier und dort Grenzen setzen – in jeglicher Hinsicht. Ob wir dranbleiben, uns neue Gewohnheiten zu eigen machen oder wieder zurückfallen in alte Muster, dafür können nicht nur wir selbst, dafür kann auch unser Umfeld viel tun.

Wenn unsere Familie, Freundinnen und Freunde, Arbeitskollegen uns unterstützen, hilft uns das auf unserem Weg. Demotivieren sie uns, ist die Wahrscheinlichkeit hoch, dass wir früher oder später aufgeben und doch wieder in den alten Trott zurückfallen.

Unterstützen Sie sich selbst, indem Sie sich Unterstützung suchen. Wo sind Menschen, die gut finden, was Sie tun, und Sie motivieren? Vielleicht möchte ja die eine oder der andere auch selbst endlich eingefahrene Bahnen verlassen und eine Umstellung hin zu einem gesünderen Lebensstil vornehmen? Halten Sie die Augen offen – möglicherweise ergeben sich auch neue Bekannt- und Freundschaften. Und bleiben Sie gelassen jenen gegenüber, die mit Ihrer Verwandlung noch nicht so gut zurechtkommen. Nicht jede und jeder muss Ihren Weg verstehen und mitgehen. Es ist schließlich ja auch Ihr Weg.

HEILKRÄUTER
Mädesüß

Mädesüßblüten eignen sich gut als Badezusatz. Nicht nur, weil sie so wohlriechend sind, sondern auch, weil sie Schmerzen lindern können. Ein Fußbad mit einer Handvoll Blüten nach einem anstrengenden Tag auf den Füßen hilft gegen schwere Beine.

BEWEGUNG
Gut bewegt ist halb gewonnen

Unser Körper ist das reinste Wunderwerk. Was sich da alles bewegen lässt! Dafür sorgt eine Vielzahl an kleinen und großen Gelenken. Diese Gelenke sanft zu bewegen heißt, sie gut in Schuss zu halten.

Stellen Sie sich auf ein Bein (wenn Sie sich nicht ganz standsicher fühlen, stützen Sie sich mit einer Hand an der Wand, einem Tisch oder Stuhl ab), heben Sie das andere Bein vom Boden und lassen Sie den Fuß kreisen – erst in die eine, dann in die andere Richtung. Lassen Sie dann Ihren Unterschenkel kreisen. Anschließend können Sie auch Ihr Hüftgelenk kreisen lassen – vor und zurück, aber auch nach außen und nach innen. Wiederholen Sie das am anderen Bein.

Lassen Sie Ihre Schultern kreisen – wie das Hüftgelenk auch hier vor und zurück, aber auch nach außen und nach innen. Schließlich lassen Sie auch noch Ihre Hände kreisen. Wenn Sie möchten, auch den Kopf in einem Halbkreis bewegen: Vorne von einer Schulter über das Brustbein hin zur anderen Schulter, anschließend auch nach hinten einen Halbkreis beschreiben.

Wichtig: Die Übung sollte immer im schmerzfreien Bereich ausgeführt werden. Wenn Sie unter Gelenksproblemen oder Problemen mit der Halswirbelsäule leiden, sprechen Sie vorab bitte mit Ihrer Ärztin oder Ihrem Arzt.

Vertrauen Sie Ihrem Körper

Was wir heutzutage nicht alles wissen über Ernährung: Wie viele Kalorien wir täglich zu uns nehmen sollen, wie die optimale Balance zwischen Omega-3- und Omega-6-Fettsäuren aussieht, wie wichtig die Vitamine D3 und B_{12} und welche Lebensmittel sauer und welche basisch sind. Was bei all dem (durchaus wichtigen und guten!) theoretischen Wissen leider oft zu kurz kommt, ist unser eigenes, inneres Wissen – die Intelligenz unseres Körpers.

Unser Körper weiß, was er braucht – und wann er es braucht. Wir haben nur leider im Laufe unseres Lebens vielfach verlernt, auf ihn zu hören. Aber auch das dürfen und können wir wieder lernen. Lassen Sie sich keine allgemeinen Konzepte überstülpen. Bedenken Sie: Auch viele Ernährungstipps unterliegen der Mode und dem aktuellen Stand des Wissens. Sie und Ihr Körper sind einzigartig. Das dürfen Sie feiern – und Ihrem Körper wieder mehr Beachtung schenken. Welche Lebensmittel tun Ihnen gut? Was stärkt Sie? Was macht Sie müde?

Die richtige Ernährung gibt Ihnen Kraft, Energie und Gesundheit. Vertrauen Sie auf die Intelligenz Ihres Körpers. Er weiß, was Ihnen guttut.

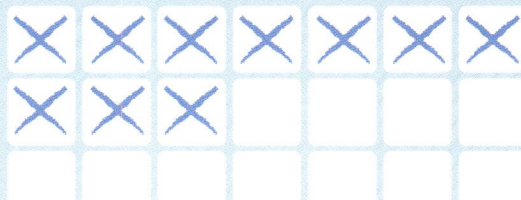

Kaffee: 1, schwarz (statt sonst immer 3, eine schöne Schlagobershaube inklusive). Zigaretten: 0. Null! Doch – jetzt bin ich schon ein bisschen stolz auf mich. Susis Gartenpartys sind schließlich kein Kindergeburtstag. Da geht's richtig zur Sache, kalorientechnisch gesehen. Freilich, dass ich die Mehrschicht-Torte mit Cremefüllung, dicker Schokoglasur, Pralinen obendrauf und Schlagobersrand drumherum dankend abgelehnt und stattdessen mein Einmachglas mit Buchweizen und Apfelcreme gezückt habe, hat im ersten Moment für Unglauben gesorgt. Und, wie vermutet, einen undefinierbaren Blick von Martina. Aber die hat ja auch leicht lachen – kann alles essen, ohne auch nur ein Gramm zuzulegen. Ich dagegen muss die Sachen nicht einmal essen. Ich könnte sie mir auch einfach direkt auf Hüften und Bauch klatschen – hätte denselben Effekt. Da ist das Leben einfach ungerecht. Aber was soll's. Ich finde, ich habe mich wirklich tapfer gehalten. Und geendet hat es letztlich damit, dass alle wissen wollten, welches Programm ich da eigentlich mache, wie weit ich schon bin und wie's mir dabei geht. Auch Martina.

Kichererbsen mit Mangold und Reis

Zutaten:

- 1 ½ Tassen Kichererbsen (über Nacht in kaltem Wasser einweichen, am nächsten Tag abspülen und mit frischem Wasser etwa eine Stunde kochen)
- 1 mittelgroßer Mangold gewaschen, mit den Stielen in fingerdicke Streifen geschnitten, ersatzweise 1 kg Spinat
- 1 Zwiebel fein gewürfelt
- 2–3 Knoblauchzehen in feine Scheiben geschnitten
- Olivenöl
- 2 EL Tomatenmark
- 1 TL Kreuzkümmel gemahlen, 1 TL Salz, Pfeffer, Honig
- 1 große Tasse Basmatireis

Zubereitung:

- Den Reis mit der doppelten Menge Salzwasser gar kochen.
- Etwas Olivenöl in einem Topf erhitzen, Zwiebel und Knoblauch darin glasig dünsten, dann Tomatenmark, Salz, Pfeffer und etwas Honig zugeben und gut vermischen. Gekochte Kichererbsen und die Mangoldstreifen unterrühren und rund 15 Minuten köcheln lassen. Wenn nötig, ein bisschen Wasser zufügen. Der Eintopf sollte allerdings nicht zu flüssig sein. In einer Schüssel anrichten und mit Reis servieren.

WASSER & WICKEL

Das ansteigende Fußbad

Ein Bad, das Sie aufwärmt, positiv auf den Hals- und Rachenraum wirkt, die Durchblutung fördert und gut geeignet ist, aufziehenden Erkältungen entgegenzuwirken. Hilft außerdem gegen leicht erhöhten Blutdruck, bei Harnwegsinfekten, chronisch kalten Füßen sowie Nasenneben- und Stirnhöhlenentzündung und den meisten rheumatischen Erkrankungen.

Füllen Sie eine Wanne oder ein Schaff mit etwa 36 Grad warmem Wasser. Stellen Sie beide Füße hinein und lassen Sie im Verlauf von ungefähr zehn Minuten immer wieder heißes Wasser nachlaufen, bis eine Temperatur von maximal 42 Grad erreicht ist. Bleiben Sie mit den Beinen weitere fünf Minuten lang bei der höchsten Temperatur im warmen Wasser. Anschließend trocknen Sie Ihre Beine gut ab, ziehen Socken an und legen sich für mindestens eine halbe Stunde ins Bett.

Wichtig: Führen Sie die Anwendung nicht durch, wenn Sie an Krampfadern oder Venenproblemen leiden.

Machen Sie eine Reise durch Ihren Körper

Eine wunderbare Anti-Stress-Übung, die Ihnen hilft, in Ihrem eigenen Körper anzukommen, sich richtig wahrzunehmen, ist der Bodyscan – eine Reise durch Ihren Körper.

Legen oder setzen Sie sich so hin, dass Sie es für einige Minuten angenehm aushalten können. Wenn möglich, schließen Sie die Augen. Atmen Sie mehrmals tief in den Bauch hinein und lassen Sie den Atem dann fließen. Schicken Sie Ihre Aufmerksamkeit in Ihren linken Fuß. Wandern Sie mit Ihrer Aufmerksamkeit die linke Fußsohle entlang – von den Zehen bis zur Ferse. Gehen Sie mit Ihrer Aufmerksamkeit Stück für Stück Ihr linkes Bein durch. Wiederholen Sie den Vorgang am rechten Bein und wandern Sie dann über Ihr Gesäß und die Hüften zum unteren Rücken, anschließend in den Bauchraum.

Wenn Sie möchten, können Sie auch den einzelnen Organen liebevolle Aufmerksamkeit schenken und sich bei ihnen bedanken für die unermüdliche Arbeit, die sie täglich für Sie leisten. Wandern Sie in den Brustkorb und zum oberen Rücken, zu den Schultern. Falls Sie Anspannung spüren, können Sie diese auch einfach nur wahrnehmen, ohne zu werten. Und wenn Sie möchten und bereit sind, können Sie die Anspannung loslassen.

Schenken Sie Ihren Armen Aufmerksamkeit – von den Schultern bis hinunter in die Fingerspitzen. Wandern Sie mit Ihrer Aufmerksamkeit die Arme wieder nach oben und in den Nacken. Wenn Sie möchten und bereit sind, können Sie auch hier Anspannung loslassen. Wandern Sie schließlich mit der Aufmerksamkeit über Ihren Hinterkopf, nehmen Sie Ihre Kopfhaut, Ihre Haare wahr. Und wandern Sie dann in Ihr Gesicht. Nehmen Sie die Muskeln in Ihrem Gesicht wahr – von der Stirn über die Augen, die Nase, die Wangen, bis hin zum Kinn. Nehmen Sie dann auch noch Ihren Mund wahr. Wie fühlen sich Ihre Lippen an? Wenn Sie möchten, können Sie jetzt einmal bewusst lächeln – und beobachten, was das mit Ihnen macht.

TIPP Diese Körperreise können Sie als Entspannung 20 oder mehr Minuten durchführen. Sie können sie allerdings auch im Stehen oder im Sitzen als „Blitz-Scan" für zwischendurch einsetzen. Gehen Sie dann einfach gleich beide Beine und auch die Arme gleichzeitig durch. **Wichtig ist nur, dass Sie sich und Ihre Befindlichkeiten spüren.** Da ist schon eine halbe Minute ausreichend, um sich zu entspannen. Sehr empfehlenswert im Arbeitsalltag, zwischen zwei Terminen beispielsweise.

HEILKRÄUTER

Thymian

Thymian würzt nicht nur viele Speisen der mediterranen Küche, er wirkt auch lindernd bei Erkältungskrankheiten, Husten und Magenbeschwerden. Ein heißes Armbad mit Thymian beispielsweise hilft bei Verschleimung und Infektanfälligkeit. Es unterstützt die natürlichen Reinigungsmechanismen der Bronchien. Dazu werden 20 Gramm Kraut mit einem Viertelliter kochendem Wasser übergossen und 15 Minuten ziehen gelassen. Geben Sie die Mischung ins Badewasser und baden Sie Ihre Arme drei Minuten lang darin.

Thymian ist außerdem ein passendes Kraut für den Archetyp Phlegmatiker – neben seiner für Phlegmatiker besonders wichtigen schleimlösenden Wirkung ist er auch anregend. Diesen kleinen Kick können phlegmatische Typen gut gebrauchen.

Das gute, alte Vorkochen

Jeden Tag frisch zu kochen kann in unserem Alltag eine Herausforderung sein. Deshalb: Machen wir es uns doch etwas einfacher. Etliche Gerichte lassen sich gut vorkochen. Suppen, Eintöpfe, Getreide, aber auch Aufläufe eignen sich gut, um gleich in größeren Mengen gekocht zu werden. Abgepackt beispielsweise in Einmachgläser sehen sie nett aus und lassen sich auch gut mitnehmen zur Arbeit. Gekochtes Getreide hält sich im Kühlschrank mehrere Tage und kann als Basis herangezogen werden für ein warmes Getreidefrühstück oder ein schnelles Abendessen.

TAG 11

Das wenn mir jemand erzählt hätte vor drei Wochen – ich hätt's nicht geglaubt. Ich glaub's auch jetzt noch kaum. Ich habe eine Fitnessuhr. Ich! So ein Ding, das Schritte pro Tag und Stunde misst, Kalorienverbrauch, Wegstrecke und, und, und. So etwas hab' ich jetzt. Tatsache. Und was noch viel erstaunlicher ist: Es macht mir Spaß! Es motiviert mich! Gut, vor allem dadurch, dass es mir bei zu geringer Schrittanzahl einen dezenten Schubs verpasst, jetzt aber schnell vor Ablauf der Stunde noch in die Gänge zu kommen und die fehlenden Schritte zu gehen. Was übrigens zur Auswirkung hatte, dass ich gestern eben ein paar Mal um den Drucker herumgegangen bin, einen Abstecher ins Nachbarbüro gemacht und letztlich noch eine Runde durch unser Büro gedreht habe. Ist nicht einmal aufgefallen. Außer Kollegin Monika. Monika merkt alles. Ist dann auch aufgestanden und einige Schritte gegangen. Überhaupt findet Monika, dass wir unseren Büroalltag ruhig ein bisschen umstrukturieren könnten – die Kaffee- und Rauchpausen etwas verkürzen, dafür ein paar Bewegungsübungen einbauen.

Gemüseteller mit Kreuzkümmelkartoffeln

Zutaten:

- · 4 mittlere Kartoffeln halbiert
- · 1 EL Olivenöl
- · ½ TL Kreuzkümmel
- · Salz
- · 2 Karotten geschält, in Scheiben geschnitten
- · 1 Stück Sellerie (ca. 100 g) in Streifen geschnitten
- · 1 gelbe Rübe geschält, in Scheiben geschnitten
- · 1 Pastinake geschält, in Scheiben geschnitten
- · Kräutersalz

Zubereitung:

- Olivenöl mit Kreuzkümmel und Salz mischen und die Kartoffeln damit bestreichen. Bei 180 Grad ca. 25. Minuten im Rohr backen.
- Das Gemüse in wenig Wasser in einer Pfanne zugedeckt weich dünsten.
- Mit Kräutersalz abschmecken.

BEWEGUNG

Übungen für Schreibtischtäter

Vor allem bei sitzenden Berufen ist wichtig: Wir brauchen zwischendurch immer wieder einmal Bewegung. Lassen Sie sich erinnern, dass Sie zumindest ein Mal pro Stunde aufstehen und sich bewegen – ob per Kalenderfunktion auf dem Computer, einer App auf dem Handy oder auch per guter, alter Küchenuhr. Nehmen Sie sich ein paar Minuten Zeit, um aufzustehen, ein paar Schritte zu gehen und Übungen zu machen. Vielleicht möchten auch Bürokolleginnen und -kollegen mitmachen? Gemeinsam macht es mehr Spaß – und tut allen gut.

Folgende Übungen lassen sich gut in den Alltag integrieren:

- Im Stand strecken und imaginäre Äpfel pflücken. Direkt über Ihrem Kopf, dann auf einem Ast etwas links und rechts von Ihnen. Strecken und recken Sie sich – Sie wollen doch schließlich die besten Äpfel erwischen.
- Schultern kreisen lassen – vor und zurück, nach außen und nach innen. Anschließend die Schultern hochziehen zu den Ohren, Position kurz halten und mit einer Ausatmung die Schultern nach unten drücken.
- Im Sitzen das Becken nach vorne unten kippen, den Rücken aufrichten und wieder rund machen, mehrere Male wiederholen und dann in aufrechter Haltung verweilen. In der aufrechten Körperhaltung wird der Rücken entlastet, die Verdauungsorgane haben Platz, können ihre Funktion besser erfüllen und Bauchatmung ist möglich.

- Um die Lendenwirbelsäule zu mobilisieren sowie den Rücken und die Bauchorgane zu entspannen, können im Sitzen bei aufgerichteter Körperhaltung die Kniescheiben abwechselnd nach vorne bewegt werden – möglichst locker, leicht und im schmerzfreien Bereich.

Wecken Sie Ihre Lebensgeister

Wollen Sie sich fit machen für den Tag? Dann geben Sie schon kurz nach dem Aufstehen Ihrem Körper die Information: „Guten Morgen – bitte aufwachen! Es ist Tag!" Gehen Sie gleich nach dem Aufstehen (wenn es noch dunkel ist, eben später) für ein paar Minuten nach draußen und schauen Sie bewusst in die Umgebung und in den Himmel – allerdings natürlich nicht direkt in die Sonne. Ihr Körper registriert dann, dass es jetzt an der Zeit ist, in den Tag-Modus zu schalten. Sie können das auch verbinden mit Tautreten und einigen aktivierenden Übungen im Freien. Wer nicht die Möglichkeit hat, in den Garten oder auf einen Balkon zu gehen: Öffnen Sie einfach das Fenster und schauen Sie in das ungefilterte Licht. Warum das wichtig ist? Weil die Beleuchtung in unseren Innenräumen bei Weitem nicht an die Stärke von Tageslicht herankommt und wir so nicht richtig wach werden. Besonders Menschen, die an Winter- und Frühjahrsmüdigkeit leiden, werden den positiven Effekt dieser einfachen Maßnahme bemerken.

ERNÄHRUNG

Hinterfragen Sie Ihren „Hunger"

Wenn wir essen wollen, muss das nicht immer eine tatsächliche Notwendigkeit sein. Gewöhnen Sie sich an, Ihren „Hunger" zu hinterfragen. Warum möchten Sie jetzt essen? Ist das wirklich Hunger, also notwendige Nahrungszufuhr? Oder ist es reine Gewohnheit – weil wir so erzogen wurden, weil „man" eben drei Mal täglich beziehungsweise weil „man" eben um diese Zeit isst? Ist es Stress? Ist es Langeweile? Müdigkeit? Frust? Hinterfragen Sie ruhig Ihren „Hunger". Da kommt oft Interessantes zutage.

Salbei

Entzündungshemmend und antibakteriell: Mit dieser Wirkung kann Salbei aufwarten. Er eignet sich deshalb gut in Form von Tee zum Gurgeln bei Halsbeschwerden oder schon vorbeugend in der Erkältungszeit. Bei Zahnfleischproblemen hilft es, immer wieder ein frisches Salbeiblatt zu kauen. Auf Furunkel können Salbeiextrakte aufgetragen werden.

Salbei regt die Produktion von Verdauungssäften an, was den Verdauungsprozess unterstützt. Auch übermäßiges Schwitzen wird durch Salbeitee reduziert.

„Mama, das schmeckt so … anders." – „Schmeckt's nicht?" – „Doch … Aber … anders." Ich seh' schon: Dialoge wie diesen werden wir in Zukunft wohl noch öfter führen. Könnte daran liegen, dass ich meine Liebe zu Kräutern und Gewürzen wiederentdeckt habe – und sie jetzt (fast) hemmungslos auslebe. Ein bisschen Galgant hier, ein bisschen geräucherter Paprika da, Thymian, Löwenzahn, Bärlauch, Gänseblümchen … Was mir gerade in die Finger kommt. Und das ist so einiges, nachdem ich mich jetzt mit Gewürzen eingedeckt habe. Das sind sie nicht gewöhnt, meine Lieben. Genaugenommen sind sie nicht gewöhnt, dass ich überhaupt koche. Die Fertigpizza noch schnell mit ein paar Extrascheiben Toastschinken zu belegen oder die Fischstäbchen einmal im Backrohr statt in der Pfanne zu braten zählt wohl nicht einmal in Kinderaugen so richtig. Der Mann hat sich sowieso schon abgefunden damit, dass er nicht das Modell mit der Zusatzfunktion Kochen erwischt hat. Momentan wissen sie nicht recht, wie sie damit umgehen sollen. Aber noch gibt es keine Meuterei. Immerhin. Mal sehen, wie es ist, wenn ich ihnen heute Orientalisches Ofengemüse auf Linsencreme vorsetze.

Orientalisches Ofengemüse auf Linsencreme

Zutaten:

- · 300 g Hokkaido-Kürbis in Würfel geschnitten
- · 1 gelber Paprika in Streifen geschnitten
- · 1 rote Zwiebel in Spalten geschnitten
- · 2 Karotten geschält, in Scheiben geschnitten
- · 2 Pastinaken geschält, in Scheiben geschnitten
- · Olivenöl
- · je ½ TL Kreuzkümmel, Koriander, Kardamom
- · etwas Zimt und Muskat
- · reichlich frische Petersilie gehackt

- · 1 Mokkatasse rote Linsen (ca. 120–150 g) kalt gespült
- · 2 Mokkatassen Gemüsebrühe
- · Olivenöl
- · 1 kleine Zwiebel fein gewürfelt
- · 2 Knoblauchzehen in Scheiben
- · 1 TL Kreuzkümmel
- · 1 TL Kurkuma
- · Salz
- · Pfeffer
- · je ein Spritzer Zitronensaft und Essig
- · 1 TL Honig

Zubereitung:

- Olivenöl mit den Gewürzen mischen. Das Gemüse in eine Schüssel geben und mit dem Gewürzöl vollständig überziehen. Im Rohr bei 180 Grad ca. 30 Minuten backen.
- Zwiebel und Knoblauch in Öl andünsten. Die Gewürze dazugeben und mitrösten. Die gewaschenen Linsen in den Topf geben und mit Gemüsebrühe aufgießen. Etwa 15 Minuten garen. Ab und zu umrühren und bei Bedarf noch Flüssigkeit nachgießen. Wenn die Linsen weich sind, kräftig salzen und pfeffern, mit Zitronensaft, Essig und Honig abschmecken.
- Die Linsencreme auf einen Teller schöpfen und das Gemüse daneben anrichten. Mit Petersilie bestreuen. Eventuell noch mit etwas Olivenöl beträufeln.

Eine Wanderung im Pesenbachtal

Wie wäre es mit einer Wanderung im Pesenbachtal? Nicht umsonst wurde das idyllische Tal 2019 zum schönsten Platz Oberösterreichs gekürt.

Starten Sie beim Curhaus Bad Mühllacken. Auf der linken Seite des Baches gelangen Sie zuerst zum Julius-Bründl, einem Augenbründl, etwas später zur Brunoquelle, deren Wasser uns Eisen und Mangan spendet. Entlang des Weges finden Sie zahlreiche Erlebnisstationen, die uns die fünf Säulen der Traditionellen Europäischen Medizin näherbringen sowie Kraftplätze, an denen Übungen aus Wyda, dem europäischen Yoga, zum Nachmachen beschrieben sind.

In etwas mehr als einer Stunde reiner Gehzeit können Sie auch das Wahrzeichen der Region, den Kerzenstein, erreichen. Immer wieder finden sich Bänke zum Verweilen oder Stellen, an denen man zum Wassertreten in den Pesenbach steigen kann. Zum Ausklang bietet sich das Café „Einkehr" im Curhaus Bad Mühllacken an.

Ganzheitlich entgiften: Zeit für mich

Neben dem Reduzieren von Lebens- und Genussmitteln geht es auch darum, in Ihrem Leben, Ihrem Alltag zu reduzieren und zu entgiften. Am besten ist es, wenn Sie im Verlauf dieses Programms auch arbeitsmäßig und in Ihren alltäglichen Verpflichtungen etwas kürzertreten.

Eine wertvolle Basis unseres Wohlbefindens ist ausreichender und guter Schlaf zur Regeneration des Organismus. Um nach einem anstrengenden Tag zur Ruhe zu kommen, helfen Rituale. Lassen Sie den vergangenen Tag Revue passieren und alles, was Sie gedanklich belastet, ganz bewusst vor der Schlafzimmertür, sprich draußen. Ideal sind sieben, acht Stunden Schlaf. Für Frühaufsteher und Langschläfer sind natürlich auch sechs oder neun Stunden Schlaf in Ordnung.

Wer nachts wach wird und nicht mehr einschlafen kann, sollte sich nicht ärgern oder quälen. Besser ist es, wenn Sie aufstehen und etwas tun, lesen oder meditieren. Wenn Sie dann wieder schläfrig sind, heißt es: Licht aus und weiterschlafen.

Genießen ohne Zucker

Zu viel industrieller Zucker ist ungesund. Wenn Sie dennoch nicht auf die Zuckerseiten des Lebens verzichten möchten, können Sie auf verschiedene Alternativen zurückgreifen: frische Steviablätter, Dörrobst oder Honig beispielsweise. So lässt sich Apfelkompott etwa mit gedörrten Feigen süßen. Dazu die Feigen halbieren und etwa 20 Minuten kochen, damit sie ihre Süße abgeben, Apfelspalten und eventuell auch noch ein paar Rosinen dazugeben und weich kochen – und schon haben Sie Ihr Apfelkompott ohne Industriezucker.

Lavendel

Lavendel hat wesentlich mehr zu bieten als nur seinen typischen Duft. So hat er auch wissenschaftlich nachgewiesene Wirkung auf unseren Körper und unsere Psyche. Er hilft, Stress und Ängste abzubauen, und wirkt gegen Schlafstörungen. Ein kleines Säckchen oder Kissen voll getrocknetem Lavendel auf dem Nachtkästchen kann da schon unterstützend wirken. Die ätherischen Öle wirken beruhigend, Aufregung und Anspannung werden reduziert. Sie können aber auch ein paar Tropfen hochwertiges Lavendelöl in eine Duftlampe, eine Schale Wasser oder auf eine Tonscherbe geben, ein Lavendelbad nehmen oder Lavendel-Hydrolat auf Ihren Kopfpolster und in den Raum sprühen. Lavendel-Hydrolat hat außerdem antibakterielle und entzündungshemmende Eigenschaften, hilft bei der Regeneration der Haut – etwa bei Verbrennungen und Sonnenbrand, aber auch bei fettiger Haut – und wehrt Insekten ab. Lavendel eignet sich durch seine beruhigenden Eigenschaften gut für den Archetyp Choleriker.

Ich hab's getan. Gestern Nachmittag, ganz spontan. Und es war gar nicht schlimm. Meine alten Turnschuhe aus dem Dornröschenschlaf erweckt (war Dornröschen eigentlich auch so verstaubt, als es aufgeweckt wurde?) – und los ging es auf eine Wanderung ins Pesenbachtal. Und da war er dann: Dieser Moment, in dem ich mich gefragt habe, warum ich das nicht schon längst einmal getan habe. Warum ich so ein Couchpotatoe geworden bin. Wobei: Das Warum ist eigentlich egal. Viel wichtiger ist ja, dass ich es jetzt ändere. Und nach dieser traumhaften Wanderung bin ich mir sicher, dass ich diesen Weg weitergehen will. Das nächste Mal vielleicht sogar mit Walking-Stöcken. Ist das nicht verblüffend? Ich, die vor zwei Wochen noch nicht einmal im Traum daran gedacht hat, einmal Treppe statt Aufzug zu nehmen (aus gutem Grund – wer will schon schnaubend wie ein Walross im Büro ankommen?), marschiere jetzt zwar noch immer nicht flink wie ein Wiesel und grazil wie ein Reh, aber doch schon merklich flotter dahin als zuvor. „Dass ich das noch erleben darf", würde Tante Rosi sagen. Und in diesem Fall wäre der Satz ausnahmsweise einmal wirklich angebracht.

Polentalaibchen mit Ratatouille

Zutaten:

- · 1 Mokkatasse Polenta
- · 3 Mokkatassen Wasser
- · Salz
- · 1 TL Butter

- · 500 g Zucchini gewürfelt
- · 4 Tomaten gewürfelt
- · 1 gelber Paprika gewürfelt
- · Olivenöl
- · 1 kleine Zwiebel fein gewürfelt

- · 2 Knoblauchzehen in feine Scheiben geschnitten
- · Salz
- · Pfeffer frisch gemahlen
- · Thymian
- · Oregano
- · Rosmarin
- · frisches Basilikum

Zubereitung:

- Für die Polenta das Wasser aufkochen und salzen. Polenta einrieseln lassen, dabei kräftig umrühren, Polenta neigt zu Klümpchenbildung und Festsetzen am Boden des Topfes. Butter einrühren, vom Herd nehmen und quellen lassen. Die Polenta noch weich etwa eineinhalb Zentimeter dick auf ein mit Backpapier ausgelegtes Backblech streichen, auskühlen und fest werden lassen.
- Für das Ratatouille Zwiebel und Knoblauch bei niedriger Hitze in Öl glasig andünsten. Temperatur erhöhen, die Zucchiniwürfel dazugeben und kräftig anbraten. Gewürze, Tomaten und Paprika zugeben. Bei reduzierter Temperatur zugedeckt etwa zehn Minuten schmoren lassen.
- In einer Pfanne Öl erhitzen. Die jetzt hart gewordene Polenta in Schnitten schneiden oder zu Laibchen formen und von beiden Seiten knusprig anbraten. Das Ratatouille auf einen Teller geben, Polentaschnitten dazulegen und mit Basilikum garnieren.

ERNÄHRUNG

Der Verdauung auf die Sprünge helfen

Es gibt vieles, das Einfluss nehmen kann auf unsere Verdauung. Nicht umsonst heißt es, dass uns etwas auf den Magen geschlagen ist oder wir eine Nachricht erst einmal verdauen müssen. Blähbauch und das Gefühl, dass die Verdauung „steht", sind ein häufiges Problem. Bei anhaltenden Beschwerden sollte natürlich eine Ärztin oder ein Arzt beigezogen werden. Doch Sie können auch selbst viel dafür tun, Ihrer Verdauung auf die Sprünge zu helfen.

- Trinken Sie morgens nach dem Aufstehen ein bis zwei Gläser lauwarmes Wasser
- Bewegen Sie sich – ein kleiner Spaziergang und/oder Dehnungsübungen regen die Verdauung an

- Bauchmassage – Tun Sie sich etwas Gutes und massieren Sie Ihren Bauch in kreisenden Bewegungen, vom Nabel ausgehend in einer langsam größer werdenden Spirale. **Wichtig: Immer im Uhrzeigersinn massieren, so unterstützen Sie Ihren Darm.** Mit einer Massage gegen den Uhrzeigersinn würden Sie gegen Ihren Darm arbeiten. Sie können die Massage zwischendurch und bekleidet durchführen, Sie können es sich dazu aber ebenso gemütlich machen, sich in einem angenehm temperierten Zimmer hinlegen, die Beine aufstellen (das entspannt zusätzlich noch die Bauchdecke) und mit einem für Sie angenehm riechenden, vielleicht sogar in einem Wasserbad etwas erwärmten Öl direkt auf der Haut arbeiten.

- Sauerkrautsaft ist nicht für jeden Geschmack geeignet, aber sehr hilfreich. Geschmacklich etwas massentauglicher sind Dörrpflaumen, Pflaumensaft oder -mus. Eingelegte Dörrpflaumen eignen sich auch gut als Beilage zu einem warmen Frühstück beispielsweise. Dazu Dörrpflaumen über Nacht in einem Einmachglas mit Wasser in den Kühlschrank stellen. Auch der dabei entstehende Saft kann getrunken werden.

- Essen Sie einmal etwas breiiger – Apfelmus, Beerenmus, Kompotte, gekochte Salate und Ähnliches, lassen Sie für einige Tage Brot und Gebäck weg und beobachten Sie, wie Ihre Verdauung reagiert.

- Keine Angst vor Fett: Sparen Sie nicht am Öl. Öl ummantelt den Verdauungsbrei, so kann er den Darm leichter passieren. Greifen Sie auf hochwertige Öle in Bioqualität zurück: Hanf-, Lein- oder Leindotteröl, Walnuss-, Oliven-, Distel- oder Sesamöl beispielsweise. Die Palette ist groß. So bringen Sie mit wenig Aufwand gschmackige Abwechslung auf den Tisch. Öl macht sich übrigens nicht nur gut auf Salaten, es kann auch unter gekochtes Getreide oder Polenta gemischt genossen werden.

Das kalte Armbad

Nicht umsonst ist diese Anwendung auch bekannt als der Kneipp'sche Espresso. Ein kaltes Armbad am Vor- oder am frühen Nachmittag erfrischt, aktiviert und regt an, aber nicht auf. Es wirkt durchblutungsfördernd (auch im Herzmuskel) und stoffwechselanregend, lindert Ellbogenschmerzen, stärkt die oberen Atemwege und das Immunsystem. Es wirkt gegen Kopfschmerzen und als Einschlafhilfe.

Füllen Sie das Waschbecken mit zwölf bis 18 Grad kaltem Wasser und tauchen Sie beide Arme (zuerst den rechten, dann legen Sie den linken Arm dazu) so weit wie möglich ein. Verweilen Sie 20 bis 40 Sekunden im Wasser – falls es unangenehm wird, kürzer. Anschließend können Sie die Arme aus dem Wasser ziehen, sanft abstreifen, etwas anziehen und sich bewegen, bis Wiedererwärmung eintritt.

Wichtig: Kein kaltes Wasser auf kalte Körperteile – wenn Hände und Arme nicht warm sind, sollten Sie auf die Anwendung verzichten. Bei Herzkrankheiten wie Angina pectoris Vorsicht walten lassen und im Zweifelsfall lieber eine Ärztin oder einen Arzt zu Rate ziehen.

Weg mit den Schuhen!

Zugegeben: Auf einer Abendveranstaltung oder in einem beruflichen Meeting wäre es womöglich unangebracht. Aber sooft Sie können: Weg mit den Schuhen! Laufen Sie barfuß – das ist gesund für Füße und Rücken. Mehrmals täglich sollten Sie ohne einen Puffer wie Schuhsolen direkt mit dem Unter-

grund in Berührung kommen. Wenn die Jahreszeit es zulässt, möglichst auch im Freien – auf Wiesen- und Waldboden, Steinen und Forststraßen. Barfußgehen ist das natürlichste und einfachste Abhärtungsmittel. Wir können über die Fußsohlen entgiften, Fußmuskeln, Bindegewebe, Sehnen, Bänder und Rückenmuskulatur werden gestärkt. Und es hilft uns, wieder einmal mit beiden Beinen fest auf dem Boden zu stehen, uns zu erden.

BEWEGUNG

Trainingseinheiten fürs Gehirn

Unter Gehirnjogging verstehen wir gemeinhin Denksportaufgaben wie Kreuzworträtsel und Co. Das ist wichtig, damit wir auch geistig nicht einrosten. Wir können unsere Schaltzentrale zusätzlich aber auch mit einfachen Übungen dabei unterstützen, fit zu bleiben:

Strecken Sie die Arme auf Schulterhöhe nach vorne und verschränken Sie die Finger ineinander. Die Daumen berühren sich und zeigen nach oben. Schauen Sie auf Ihre Daumen. Beginnen Sie nun, mit den verschränkten Händen eine liegende Acht in die Luft zu zeichnen. Ihr Blick folgt den Daumen, während Ihr Kopf möglichst ruhig bleibt. Lassen Sie die liegende Acht größer und kleiner werden. Lockern Sie nach der Übung noch kurz Schultern und Arme.

Gehen Sie einige Schritte vor-, dann rückwärts, ein paar Mal im Wechsel. Gehen Sie flotten Schrittes im Kreis, drehen Sie sich dann um und gehen Sie den Kreis in die Gegenrichtung. Mehrfach wiederholen, dazwischen immer wieder einmal ein paar Schritte rückwärts einbauen. Dann geht es seitwärts: Steigen Sie mit dem linken Bein zur Seite, mit dem rechten überkreuzen Sie abwechselnd einmal vor und einmal hinter dem linken Bein – auch so können Sie im Kreis gehen. Erst langsam, dann immer schneller werdend, dann wechseln Sie die Seite.

Wenn das so weitergeht, brauche ich bald eine höhere Dosis Lavendel zum Runterkommen. Vor dem Gang ins Badezimmer war ich aufgeregt wie ein kleines Kind, das auf das Christkind wartet. Mindestens. „Was zappelst du denn so herum in aller Früh", wollte der Mann wissen. Aber da war ich schon an ihm vorbei und auf der Waage. Und wir halten bei – tatatataaaaaa – inzwischen minus sechs Kilo! Miiinus sechs! Hurra! Die ersten Hosen sind bereits aussortiert. Haben angefangen zu schlabbern an meinen Oberschenkeln. Ist das zu fassen? Dass Kleidung an mir schlabbert, war in den vergangenen Jahren ja so gar nicht mein Problem. Heute werde ich gleich auch noch die Oberteile durchgehen. Mal sehen, was da schon zur Seite geräumt werden kann. Und dann muss ich mir unbedingt mit Freundin Susi einen Termin zum Shoppen ausmachen. Neues Lebensgefühl: Ich kommeeeeeee!!!

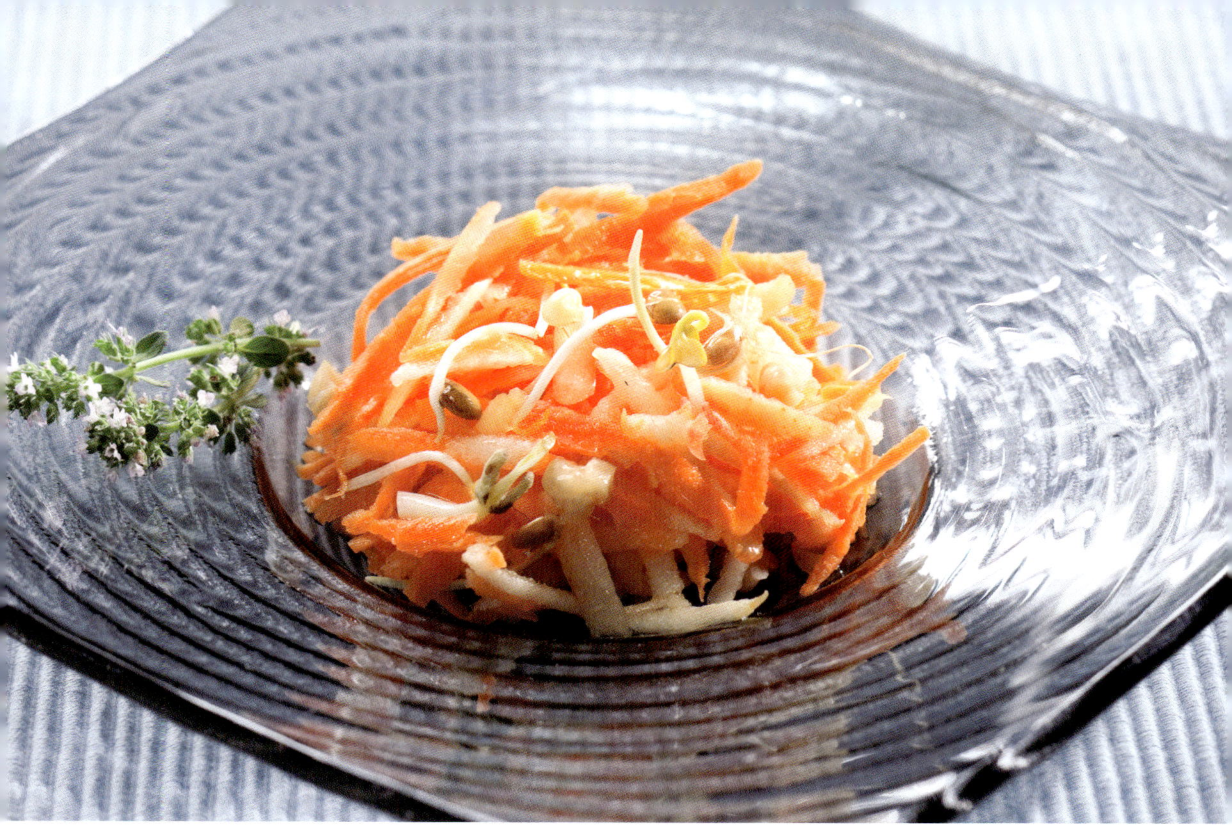

REZEPT

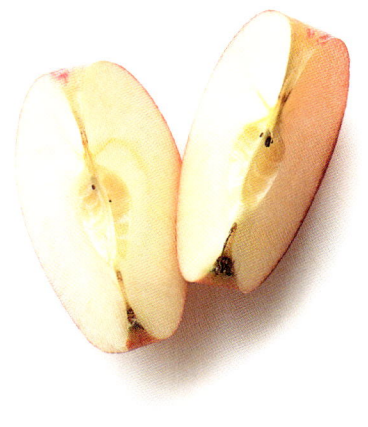

Karotten-Apfel-Frischkost

Zutaten:

- 3 Karotten geraspelt
- 1 Apfel gewürfelt
- Saft ½ oder einer ganzen Zitrone
- ½ TL Honig
- Öl
- einige gehackte Walnüsse
- eventuell Sprossen

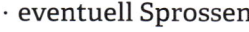

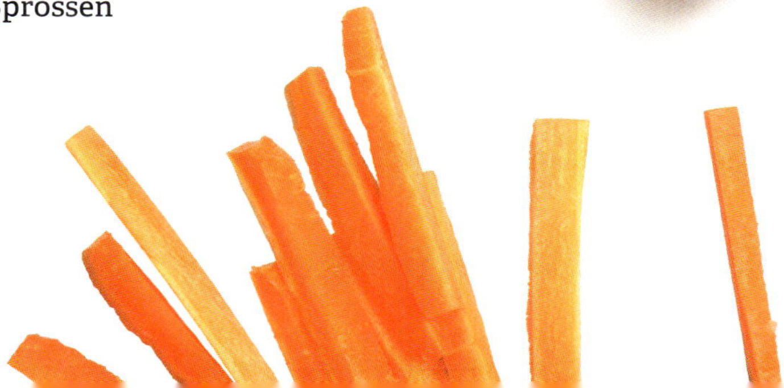

Zubereitung:

- Karottenraspeln und Apfelwürfel mischen. Aus Zitronensaft, Honig und Öl eine Marinade zubereiten und mit der Masse verrühren. Auf kleinen Tellern anrichten und mit Nüssen oder auch Sprossen garnieren.

TIPP Besonders gschmackig wird es mit Nussölen wie zum Beispiel Walnuss- oder Macadamianussöl. Sprossen sind im Bioladen erhältlich, Sie können sie aber auch ganz einfach zu Hause in einem Keimglas oder einem Keimgerät ziehen. Holen Sie sich Tipps dazu im Bioladen in Ihrer Nähe.

LEBENSORDNUNG

Schlafen Sie gut!

Ausreichend Schlaf ist nicht nur wichtig für Stimmung und Konzentrationsfähigkeit, sondern auch für zahlreiche Vorgänge in unserem Körper. Viele Reparaturprozesse finden während des Schlafes – oder bei Schlafproblemen eben nicht oder nur unzureichend – statt, Schlafmangel schwächt Leistungsfähigkeit und Immunsystem. Außerdem steht Schlafmangel in Zusammenhang mit Übergewicht. Es lohnt sich also auch in Hinblick auf das Körpergewicht, sich mit dem Thema Schlaf zu beschäftigen.

Achten Sie auf regelmäßigen und möglichst ungestörten Schlaf. Kinder, die nachts etwas von Ihnen benötigen, sind natürlich ausdrücklich nicht gemeint! Aber Handy und Fernseher sollten keinen Platz im Schlafzimmer haben. Versuchen Sie, schon am Abend allmählich zur Ruhe zu kommen: Trinken Sie eine beruhigende Tasse Tee, lesen Sie ein gutes Buch, schreiben Sie ein Dankbarkeits-Tagebuch, malen Sie (falls Sie glauben, dafür kein Talent zu besitzen: Versuchen Sie es einfach einmal – oder greifen Sie zu Mandalas), hören Sie entspannende Musik, meditieren Sie.

Fernsehen, Internet und Handy-Chats sind kurz vor dem Schlafengehen nicht optimal. Auch das passende Raumklima ist wichtig: In zu warmen Räumen wird der Schlaf unruhig. Empfohlen wird eine Temperatur zwischen 16 und 19 Grad. Lüften Sie also ausgiebig und lassen Sie even-

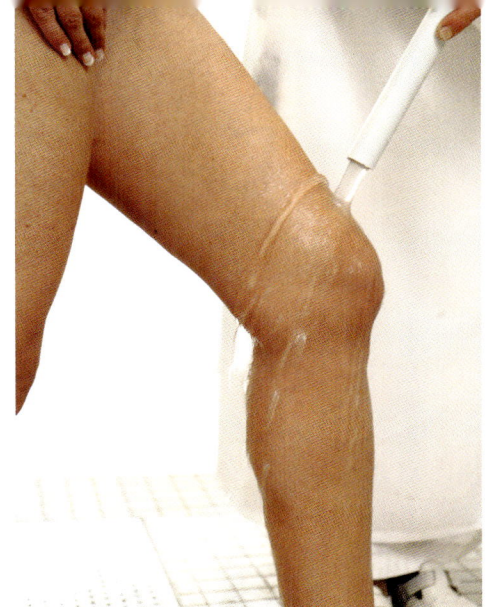

tuell das Fenster gekippt. Auch Atemübungen, ein kalter Knieguss kurz vor dem Zubettgehen, ein Leberwickel und Lavendelöl oder Hydrolat können beim Einschlafen helfen. Nicht zuletzt ist es hilfreich, für einen gut abgedunkelten Schlafraum zu sorgen und abends nicht mehr zu viel zu trinken, um zu vermeiden, dass Sie nachts aufstehen müssen.

ERNÄHRUNG
Weniger ist mehr

„Wenn du merkst, du hast gegessen, hast du schon zu viel gegessen."
– Pfarrer Sebastian Kneipp

Wie schon der Ausspruch von Pfarrer Kneipp nahelegt: Versuchen Sie, von dem antrainierten Essen bis zur Sättigung weg- und hinzukommen zu bewussterem, langsamerem Essen mit genüsslichem Kauen und kleinen Pausen. Unser Körper steht bezüglich Sättigungsgrad nämlich etwas auf der langen Leitung. Beziehungsweise essen wir meist schneller, als unser Körper reagieren kann. Bis uns die Information „Danke, es ist genug" erreicht, haben wir oft schon mehr aufgenommen als nötig und auf längere Sicht gut für uns ist. Geben Sie sich und Ihrem Körper die Chance, tatsächlich nur die Menge zu essen, die Sie benötigen – auch auf diese Weise werden Sie Kalorien und somit Kilo einsparen können.

Fenchel

Gut gegen Mundgeruch, gegen Völlegefühl, Blähungen, leichte Magen-Darm-Krämpfe: Fenchel ist ein
gerne eingesetztes Mittel in unserer Küche. Er fördert die
Darmmotorik, wirkt also verdauungsfördernd. In vielen Ländern des Sü-
dens ist es beispielsweise üblich, nach einer Mahlzeit ein paar Samen zu
kauen. Damit wird dem Darm die Verdauungsarbeit erleichtert.

BEWEGUNG

Vereinbaren Sie einen Termin mit sich selbst

Wie bei vielen anderen Dingen braucht es auch beim Thema Bewegung etwas Zeit, bis wir uns daran gewöhnt haben, sie fix in unseren Tagesablauf
zu übernehmen. Sie können es sich einfacher machen, indem Sie mit sich
selbst einen Termin vereinbaren – zum Beispiel für eine Runde mit den
Walkingstöcken oder dem Fahrrad nach der Arbeit.

Oder Morgengymnastik: Gerade für Menschen, die Schwierigkeiten haben, morgens in die Gänge zu kommen, ist das eine gute Gelegenheit, wach
zu werden und den Kreislauf anzukurbeln. Beginnen können Sie damit
bereits im Bett. Schon vor dem Aufstehen können Sie ein paar Minuten
lang mit den Beinen in der Luft „Rad fahren". Heben Sie dazu die Beine
erst etwas weiter nach oben, senken Sie sie dann aber bis knapp über die
Matratze oder den Boden – so darf auch die Bauch- und Rückenmuskulatur mitarbeiten. Wenn Sie unter Rückenproblemen leiden, legen Sie Ihre
Hände unter das Gesäß. Und: Atmen nicht vergessen!

Wenn Sie aufgestanden sind, können Sie auf der Stelle trippeln, den
Kneipp-Schritt („Storchentritt") mit einbauen, vor und zurück sowie von
links nach rechts und retour hüpfen, sich einmal ordentlich durchstre-
cken und -recken. Auch der gute, alte „Hampelmann", der vielleicht noch
aus Schulzeiten bekannt ist, leistet gute Dienste beim Aktivieren. Oder
möchten Sie es einmal mit Seilspringen versuchen?

TAG 15

„Kind – du bist ja ganz dürr geworden!" Auch wenn das durchaus schmeichelhaft ist: „Dürr" würde mir jetzt nicht als Allererstes einfallen. Aber ja, stolze sechs Kilo weniger. Mama hat das natürlich sofort bemerkt und wollte mich vor dem in ihren Augen offenbar nahen Hungertod bewahren, indem sie mir ein Cordon bleu vorsetzte, das von Mittag übriggeblieben war. Dass ich dankend abgelehnt und auf ihr mehrmaliges Nachstochern nach Gründen hin dann doch erklärt habe, dass ihr Diabetes, Tante Ernas üble Gichtanfälle und Omis Herzprobleme vielleicht einen Zusammenhang haben könnten mit der familiären Essenstradition und ich, wenn ich nicht sehr bald die Notbremse ziehe, auf dem besten Weg bin, mir ebenfalls mindestens eines dieser Leiden zuzulegen, hat für mütterliche Schockstarre gesorgt. Wobei ich annehme, dass diese Schockstarre weniger mit meinem Hinweis auf den Zusammenhang von Ernährung und Gesundheit, sondern mehr mit dem Ablehnen des Cordon bleus zu tun hatte. Noch nie, niemals in unserer gesamten Familiengeschichte, hat jemals jemand Essen abgelehnt (wäre allerdings eine gute Idee gewesen).

Auberginen mit buntem Gemüse gefüllt

Zutaten:

- · 1 Aubergine
- · Olivenöl
- · 1 Zwiebel fein gewürfelt
- · 2 Knoblauchzehen durchgepresst
- · 1 roter Paprika würfelig geschnitten
- · 2 Karotten würfelig geschnitten
- · 1 kleiner Kohlrabi würfelig geschnitten
- · 1 kleine Zucchini würfelig geschnitten
- · Salz, Pfeffer, Kräuter der Provence
- · frisches Basilikum
- · Ev. geräucherter Tofu

Zubereitung:

- Die Aubergine halbieren, salzen und mit Olivenöl und Knoblauch bestreichen. Auf ein mit Backpapier ausgelegtes Backblech legen und 20 Minuten bei 180 Grad weich garen.
- Zwiebel in Olivenöl andünsten, Gemüsewürfel dazugeben, kräftig würzen und zugedeckt dünsten. Eventuell etwas Wasser oder Gemüsebrühe angießen.
- Die weiche Aubergine aus dem Rohr nehmen, mit einem Löffel vorsichtig das Fruchtfleisch aushöhlen, sodass mindestens zwei Zentimeter Rand stehen bleiben. Das Fruchtfleisch klein schneiden und unter das gedünstete Gemüse mischen. Die Auberginenhälften mit Gemüse füllen und auf Wunsch mit Tofuwürfeln bestreuen.
  Nochmal für zehn Minuten ins Rohr geben.
- Mit frischem Basilikum bestreut servieren.

WASSER & WICKEL

Porentief rein

Gönnen Sie sich doch ein bisschen Wellness zwischendurch. Ein paar Stunden, die nur Ihnen und Ihrem Körper gehören. Mit einem Besuch in der Sauna tun Sie sich gleich mehrfach etwas Gutes. Die Durchblutung wird gefördert, der Stoffwechsel angeregt. Der Wechsel zwischen heiß und anschließender Abkühlung trainiert Ihre Blutgefäße und der Körper wird abgehärtet. Regelmäßige Saunabesuche wirken als Training für das Herz-Kreislaufsystem.

Durch die erhöhte Temperatur in der Sauna wird künstliches Fieber erzeugt: Die Temperatur im Körperinneren steigt um ein bis zwei Grad, worauf der

Körper mit der Bereitstellung von Abwehrzellen reagiert – unser Immunsystem springt an.

Auch Ihre Haut freut sich über Saunagänge: Sie wird verstärkt durchblutet, dadurch besser mit Sauerstoff versorgt, abgestorbene Hautzellen werden entfernt. Verstärken können Sie das, indem Sie vor dem Saunagang eine Bürstung mit einem trockenen Waschlappen oder einer Körperbürste durchführen.

Nicht zuletzt wirkt die Wärme entspannend auf Ihre Muskulatur und das gesamte System, Sie können eine kleine Auszeit vom Alltag nehmen.

TIPP Um den Reinigungsprozess in Ihrem Inneren zu unterstützen, sollten Sie vor und nach dem Saunabesuch, nicht aber zwischen den Saunagängen trinken. So muss der Körper den durch das Schwitzen verursachten Wasserverlust ausgleichen, indem er auf Wasser aus dem Gewebe zurückgreift. Dies gelangt in die Blutbahn – und mit ihm Ablagerungen (Abfall aus dem Stoffwechselprozess), die schließlich mit dem Harn ausgeschieden werden. Nach dem letzten Durchgang gibt es dann ausreichend (Mineral)Wasser oder verdünnte Säfte.

HEILPFLANZEN

Mariendistel

Schon in der Antike fand sie Anwendung, Hildegard von Bingen hielt die heilende Wirkung in ihren Schriften fest: Mariendistel eignet sich bestens, um die Leber zu unterstützen. Sie kann präventiv eingesetzt werden, um die Leber vor Schwächung durch Giftstoffe zu schützen oder bei Leberschäden (Fettleber beispielsweise). Eine Kur mit Mariendistel entgiftet und unterstützt den Stoffwechsel. Auch bei leichten Verdauungsbeschwerden, Blähungen und Völlegefühl wird sie verwendet.

Schritt für Schritt zu mehr Achtsamkeit

Wenn wir an Bewegung denken, kommt uns meist sportliche Aktivität in den Sinn. Oder zumindest flottes Gehen. Wir können aber auch mittels Bewegung in die Achtsamkeit kommen – im wahrsten Sinne des Wortes Schritt für Schritt. Üben Sie sich in achtsamem Gehen. Ob am Morgen, in der Mittagspause oder am Abend: Nehmen Sie sich zumindest fünf Minuten Zeit, um nicht einfach nur wieder von A nach B zu hetzen, sondern ganz bewusst Schritt für Schritt zu setzen. Spüren Sie – auch durch die Schuhsohle hindurch – wie Ihre Fußsohlen den Boden berühren. Wie rollen Ihre Füße ab? Können Sie den Untergrund wahrnehmen? Konzentrieren Sie sich in dieser Zeit nur auf Ihre Fußsohlen und genießen Sie das Gefühl, ganz bei sich sein zu dürfen.

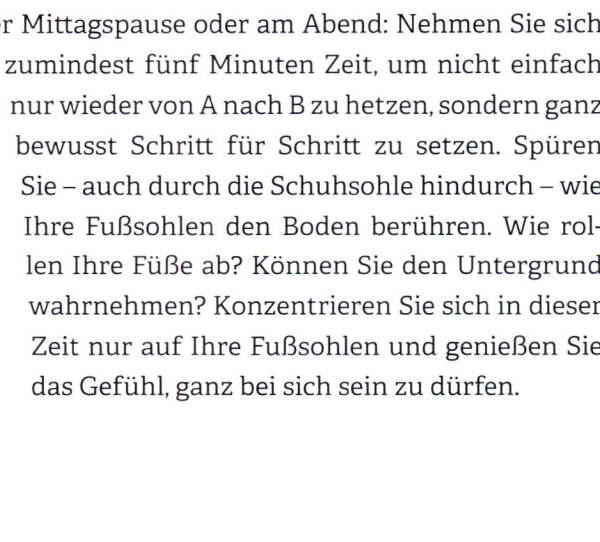

Die positive Art von Ballast

Eigentlich wollen wir doch Ballast loswerden. Was uns dabei allerdings helfen kann: wenn wir Ballast zu uns nehmen. In Form von Ballaststoffen nämlich – den für unseren Körper zwar größtenteils unverdaulichen, dafür aber umso wertvolleren Nahrungsbestandteilen hauptsächlich pflanzlichen Ursprungs.

Neben der positiven Auswirkung auf unsere Verdauung (die Darmtätigkeit wird angeregt, der Stuhl kann besser ausgeschieden werden) leisten diese Quell- und Füllstoffe auch einen wichtigen Beitrag für unsere Darmflora: Sie dienen unseren Darmbakterien als Nährstoff. Außerdem sollen sie Krankheiten wie Diabetes Typ 2 und Herzinfarkt entgegenwirken und einen positiven Einfluss auf den Cholesterinspiegel haben. Und: Sie wirken sättigend.

Nutzen Sie also die Möglichkeit, durch Aufnahme von Ballast(stoffen) Ballast loszuwerden. Besonders geeignete Ballaststoffquellen sind Gemüse wie Brokkoli, Karotten und Kartoffeln, Obst wie Äpfel, Birnen und Beeren, Vollkornprodukte (Vollkornnudeln, Vollkornbrot), Nüsse, Samen und Hülsenfrüchte wie Erbsen, Bohnen und Linsen.

Oha. Da hab' ich Muttern offensichtlich in eine veritable Krise gestürzt. Schon zwei Anrufe seit meinem Besuch. Dass sie es doch immer nur gut gemeint habe. Und überhaupt habe man das so gelernt. Ganz andere Zeiten seien das doch noch gewesen, das könnten wir uns heute ja gar nicht mehr vorstellen. Schuldig fühle sie sich jetzt aber, dass ich dick geworden sei. Sehr schuldig. Und das wiederum ist jetzt meine Schuld (hat sie so nicht gesagt – aber als brave Tochter greife ich gleich einmal beherzt zu, wenn es um Schuldgefühle geht). Erst meine mehrfach wiederholte Beteuerung, dass sie nicht schuld sei (und nein, auch Omi nicht), weil man als erwachsener Mensch durchaus Eigenverantwortung übernehmen und sich antrainiertes Essverhalten sehr wohl auch wieder abtrainieren könne und ich ja exakt das jetzt im Sinne hätte, hat sie beruhigt und das Gespräch wirklich konstruktiv werden lassen. Ja, ich hatte tatsächlich den Eindruck, sie versteht meine Beweggründe und hinterfragt sogar ihre eigene Ernährung. Bis sie mir für morgen ein Bratl mit Saft und Knödeln und anschließendem Kaffee mit Torte angeboten hat.

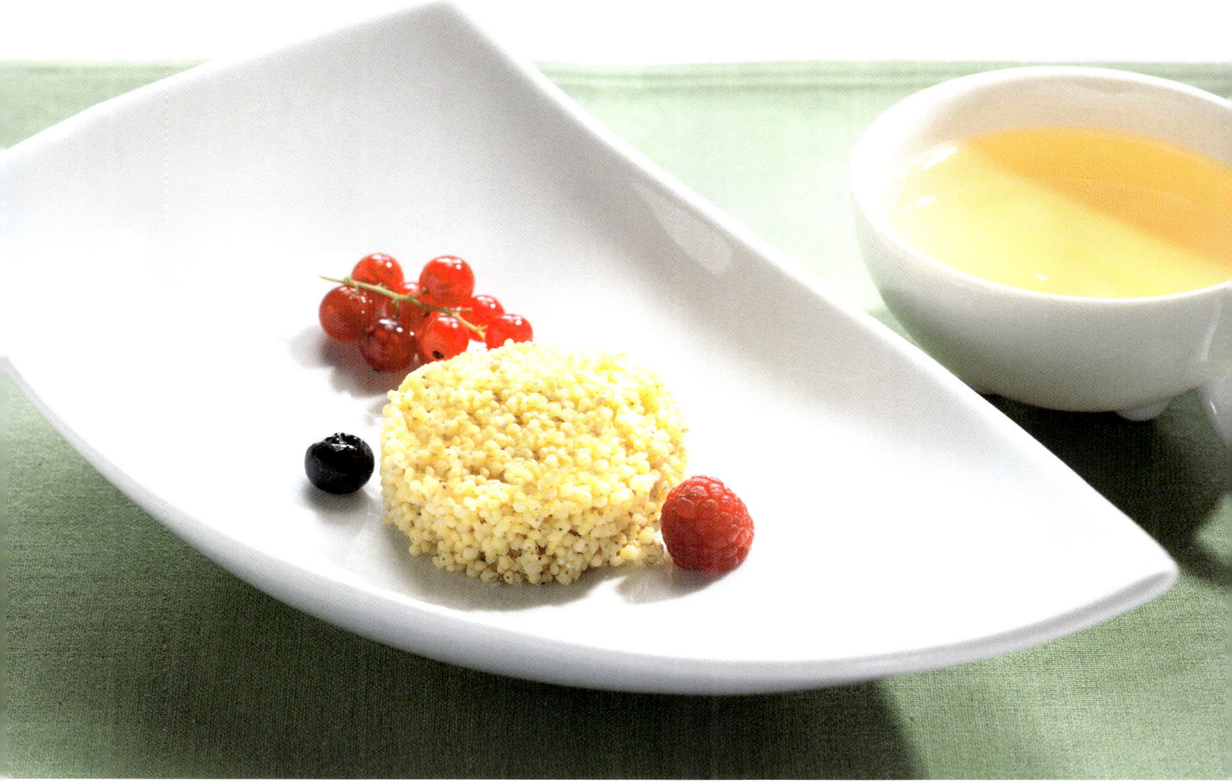

REZEPT

Warmes Hirsemüsli

Zutaten:

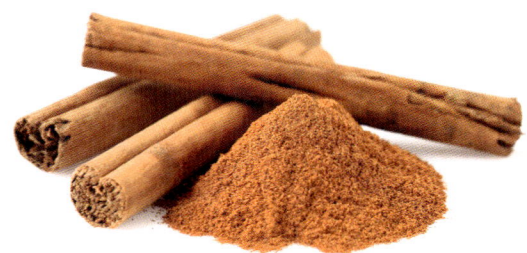

- 1 Tasse Hirse abgemessen
- 2 Tassen Wasser
- 1 Prise Salz
- Rosinen oder andere Trockenfrüchte
- Frisches Obst nach Geschmack und Saison mundgerecht zerkleinert
- Etwas Zimt
- Honig
- Eventuell geröstete Kürbis-, Sonnenblumenkerne, Sesam oder Ähnliches

Zubereitung:

Lassen Sie die Hirse mit der doppelten Menge Flüssigkeit, einer Prise Zimt, Salz und Rosinen oder anderen Trockenfrüchten ein Mal aufkochen und etwa 25 Minuten lang zugedeckt auf kleinster Flamme ausquellen. Klein geschnittenes Obst unterrühren und nach Geschmack mit Honig süßen. In Müslischalen anrichten, eventuell mit gerösteten Kernen verfeinern.

TIPP Wer kein rohes Obst verträgt, kocht es einfach gleich mit der Hirse mit oder nimmt Kompott.

BEWEGUNG

Kommen Sie ins Gleichgewicht

Eine gute Übung, sowohl um ruhig zu werden als auch für Standfestigkeit: Kommen Sie ins Gleichgewicht. Stellen Sie sich auf ein Bein, winkeln Sie das andere Bein ab und heben Sie es nach vorne oder seitlich weg. Atmen Sie ruhig ein und aus und versuchen Sie, ins Gleichgewicht zu kommen. Keine Sorge, wenn das zu Beginn etwas wackelig ist – je öfter Sie diese Übung durchführen, desto sicherer wird Ihr Stand. Nach einer Weile schütteln Sie beide Beine aus und wechseln die Seite.

TIPP Es kann helfen, einen Punkt ein Stück von sich entfernt auf dem Boden zu fixieren. Wenn Sie sich unsicher fühlen, halten Sie sich mit einer Hand an der Wand, einem Stuhl oder Tisch fest. Wenn Sie sich bereit fühlen, können Sie in einem nächsten Schritt auch die Augen schließen.

Entrümpeln

Es ist eine alte Weisheit: Unser Inneres spiegelt sich im Außen. Wie sieht das bei Ihnen aus? Neigen Sie, wie viele von uns, dazu, Dinge zu horten? Gehen Sie doch einmal mit einem neutralen Blick Kästen, Schubladen, Dachboden, Keller, Garage, das digitale Postfach und andere Ordner durch und fragen Sie sich: Will und brauche ich das alles – oder kann da etwas weg? Falls ja: Befreien Sie sich von unnötigem Ballast. Denn dieser hat nicht nur Auswirkungen auf Ihr Heim, sondern auch auf Ihr seelisches Wohlbefinden. Sie werden merken: Entrümpeln befreit ungemein. Mehr Platz in den eigenen vier Wänden – mehr Platz im Kopf. Und es macht sich ganz automatisch ein Gefühl der Leichtigkeit breit. Ganz abgesehen vom Gewinn an Zeit, die Sie doch sicher sinnvoller nutzen können als für die Suche nach irgendwelchen Dingen.

Als hilfreich hat sich erwiesen, Kisten bereitzustellen – eine für die Dinge, die bei Ihnen bleiben sollen (aber aus unerfindlichen Gründen nicht im richtigen Zimmer sind), je eine für die verschiedensten Sorten von Müll (Altpapier, Plastik, Sperr- und Restmüll etc.), eine für Gegenstände oder Kleidungsstücke, die Sie verschenken möchten.

Wenn Sie sich von Teilen Ihres Hausrats trennen und dabei auch noch etwas Gutes tun möchten, können Sie die gut erhaltenen Stücke auch zu Läden von Organisationen wie Caritas oder Volkshilfe bringen. Dort können sie verkauft werden – und Sie unterstützen damit die Hilfsorganisation.

HEILPFLANZEN

Melisse

Ein Entspannungsbad mit Melisse ist eine wunderbare Einschlafhilfe. Der feine Duft beruhigt unseren Geist. Wenn frische Blätter vorhanden sind, kann man diese in eine Kanne geben, mit frischem Wasser auffüllen und den ganzen Tag über Melissenwasser trinken.

Melisse ist dem Archetyp Sanguiniker zugeordnet. Ihre Wirkung hilft diesem quirligen Temperament, sich zu zentrieren.

ERNÄHRUNG

Lebens-Mittel Wasser

Unser Körper besteht bis zu 80 Prozent aus Wasser. Wasser ist wichtiges Transportmittel, wird für den Stoffwechsel benötigt und ist jener Stoff, der unserem System schnell zur Verfügung steht. Deshalb sind auch bei Kreislaufproblemen ein bis zwei Gläser Wasser oftmals eine wirksame Sofortmaßnahme – weil die Symptome häufig daher rühren, dass wir zu wenig getrunken haben. Durch die Aufnahme von Wasser wird unser Blutvolumen erhöht. Selbiges ist übrigens auch bei Kopfschmerzen möglich.

Bevor Sie zu Schmerzmitteln greifen, versuchen Sie es (möglichst in einem frühen Stadium) mit etwa einem halben Liter Wasser, ruhiger, vertiefter Atmung und Entspannung.

Auch Sodbrennen, Mundgeruch, Konzentrationsschwäche und schlechte Laune können ein Zeichen dafür sein, dass wir zu wenig getrunken haben. Zudem wirkt Wasser positiv auf unser Hautbild. Und natürlich hilft es auch beim Abnehmen. Einfach ausprobieren: Einige Minuten vor einer Mahlzeit einen halben Liter Wasser trinken!

Wer hätte gedacht, dass mit diesem Leichter-Le-ben-Programm nicht nur ich, sondern gleich auch noch mein Umfeld leichter wird? Kollegin Monika jedenfalls ist begeistert von den Auswirkungen. Meines Programms auf ihre Hüften, wohlge-merkt. Drei Kilo hat sie abgenommen. Und das nur, weil sie sich ein bisschen eingeklinkt hat, wir unsere Mittagspausen jetzt anders gestalten, die Schokoladen-Pause am Nachmittag gestrichen, Bewegungs- statt Kaffeepausen eingebaut haben und uns die zwei Stockwerke hoch zum Büro von unseren eigenen Beinen tragen lassen. Mittler-weile übrigens ohne das Gefühl, unbedingt vom Arzt abklären lassen zu müssen, ob nicht doch eine schwere asthmatische Erkrankung vorliegt. Na gut – und das eine oder andere Rezept hat sie mir auch abgeluchst. Jetzt ist sie so enthusiasmiert, dass sie mit mir wandern gehen will. Über so eine Idee hätten wir uns noch vor ein paar Wochen in einem abendlichen Handy-Chat von Couch zu Couch und Chipspackung zu Chipspackung königlich amü-siert. Aber ja, die Zeiten haben sich geändert. Also wandern wir beide heute und erkunden die Wolfs-schlucht in Bad Kreuzen.

Linsen-Gemüse-Eintopf

Zutaten:

- · 120 g rote Linsen kalt abgespült
- · 2 Karotten geschält, in Scheiben geschnitten
- · 1 gelbe Rübe geschält, in Scheiben geschnitten
- · 100 g Broccoli in Röschen geteilt
- · 100 g Karfiol in Röschen geteilt
- · 1 Zwiebel gewürfelt
- · 2 Knoblauchzehen blättrig geschnitten
- · Olivenöl
- · Kurkuma
- · Kreuzkümmel

- Koriander
- Lorbeerblatt
- Pfeffer
- Salz
- Gemüsebrühe
- Saft einer halben Zitrone
- 1 Schuss Apfelessig
- Petersilie fein gehackt

Zubereitung:

- Zuerst einmal Zwiebel und Knoblauch in Öl andünsten. Reichlich Gewürze dazugeben und kurz mitrösten (das verstärkt den Geschmack der Gewürze). Linsen und das Gemüse dazugeben. Mit Gemüsebrühe bedecken und etwa 20 Minuten köcheln lassen. Ab und zu umrühren und eventuell ein wenig Flüssigkeit nachgießen.
Erst zum Schluss salzen, mit Zitrone und Essig abschmecken. Mit viel gehackter Petersilie bestreuen und zum Beispiel mit Basmatireis servieren.

HEILPFLANZEN

Lindenblüten

Lindenblütentee wirkt wärmend und entspannend. Er hilft bei Kältegefühl, auch das Immunsystem wird angeregt. Bei Halskratzen und trockenen Schleimhäuten wirken die enthaltenen Schleimstoffe wohltuend. Im Sommer kann ein Kaltansatz getrunken werden, der vor dem Genuss allerdings kurz erwärmt werden soll.

Achtsam essen

Essen ist mehr als reine Nahrungsaufnahme. Essen ist eine Tätigkeit, der Sie sich – in Ihrem eigenen Interesse – voll und ganz widmen sollten. Also weg mit Zeitung, Handy, Radio, Fernseher. Konzentrieren Sie sich auf Ihr Essen und Ihren Körper. Warum? Wenn wir abgelenkt sind und nebenbei vor uns hin essen, neigen wir dazu, schneller zu essen und unser Sättigungsgefühl nicht rechtzeitig wahrzunehmen – und in Folge mehr zu essen, als unser Körper wirklich braucht.

Viele von uns haben gelernt, möglichst schnell zu essen. Sei es, weil wir uns an das Tempo anderer Menschen angepasst haben, sei es, weil wir glauben, etwas Wichtigeres zu tun zu haben und deshalb möglichst schnell fertig sein wollen. Aber die gute Nachricht ist: Auch achtsames Essen kann trainiert werden.

Zuallererst: Hören Sie auf Ihren Körper. Versuchen Sie, Ihr Hungergefühl wiederzuentdecken. Essen Sie nicht nach Uhrzeit oder weil es erwartet wird, sondern nur, wenn Sie wirklich hungrig sind.

Nehmen Sie Ihr Essen mit allen Sinnen wahr. Betrachten Sie es, riechen Sie daran. Nehmen Sie einen kleinen Bissen und lassen Sie diesen erst einmal auf Ihrer Zunge ruhen. Wie fühlt sich das Essen auf Ihrer Zunge an? Nehmen Sie den Geschmack wahr (er ist sehr viel intensiver, wenn Sie den Bissen zuerst mit der Zunge erspüren, statt ihn gleich zwischen den Zähnen zu zermahlen). Kauen Sie langsam, kauen Sie lange. Essen Sie Bissen für Bissen ganz bewusst. Legen Sie zwischen den Bissen das Besteck zur Seite – so sind Sie nicht versucht, ganz automatisch gleich den nächsten Bissen hinterherzuschieben.

Noch intensiver wird die Wahrnehmung, wenn Sie beim Erspüren und Kauen die Augen schließen.

Seien Sie es sich wert. Üben Sie Achtsamkeit beim Essen. Ihr Körper wird es Ihnen danken.

Schluss mit jammern

Versuchen Sie, in den kommenden Tagen sich selbst, aber auch Ihr Umfeld bewusst wahrzunehmen. Wie oft wird gejammert, über andere Menschen gelästert und genörgelt? Stecken tatsächlich Probleme dahinter oder ist es reine Gewohnheit?

Und worum geht es? Das Wetter? Den Chef? Die Kollegin? Den verpassten Bus? Hat es sich vielleicht in einer Gruppe einfach so etabliert und man hat sich angewöhnt mitzumachen, um dazuzugehören?

Natürlich tut es gut und ist es wichtig, über Probleme sprechen zu können. Doch machen Sie sich nicht selbst machtlos, indem Sie in eine Jammerspirale kippen. Lassen Sie sich nicht das Zepter aus der Hand nehmen – übernehmen Sie selbst das Steuerrad in Ihrem Leben. Das wird Sie weiterbringen und fühlt sich auch besser an. Ganz getreu dem Motto: „Wir können nicht immer beeinflussen, was in unserem Leben geschieht. Aber wir können beeinflussen, wie wir damit umgehen."

Wanderung in der Wolfsschlucht

Im 19. Jahrhundert als „Kaltwasseranstalt" in Betrieb genommen, bietet die Wolfsschlucht in Bad Kreuzen uns heute neben Natur- und Wandererlebnis interessante Einblicke in ihre Vergangenheit. 1997 wurden die Wege ausgebaut und als Natur- und Kulturlehrpfad eröffnet. Infotafeln entlang des Weges erzählen von den ehemaligen Badeeinrichtungen, an die heute noch Namen wie „Wiener Wellenbad", „Greiner Duschen", „Herzogsquelle" und „Felsendom" erinnern.

Wählen Sie beispielsweise vom Ortszentrum Bad Kreuzen ausgehend den etwa 4,3 Kilometer langen Rundwanderweg. Zurück im Ortszentrum, können Sie sich noch im Curhaus Bad Kreuzen im Café „Einkehr" verwöhnen lassen.

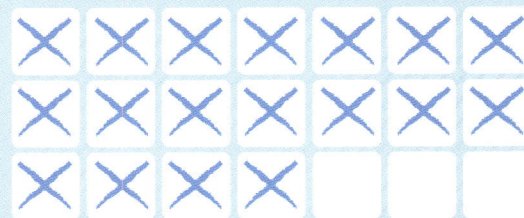

Es hat gedauert. Aber jetzt. Jetzt fühle ich mich sattelfest genug, in die Offensive zu gehen. Also: Mädelsnachmittag! Bin jetzt schon gespannt auf die Gesichter, wenn sie statt der bei meinen Einladungen gewohnten, mit viel Liebe selbst gekauften diesmal mit viel Liebe selbst gemachte Häppchen vorfinden. Leinsamencracker statt Chips, Erdnussflips und Salzstangen, Avocadocreme und Linsenaufstrich statt Fertigsauce aus der Flasche. Wasserkrüge mit Zitronenscheiben und frischer Minze statt Eistee und Sirup aus dem Handel. Schließlich war ich bisher berühmt dafür, dass meine Kochkünste schon beim Öffnen von Fertiggerichten an ihre Grenzen stoßen können. Und das ist leider nicht übertrieben. Aber hey – wenn Menschen zum Mond fliegen können, kann ich in diesem Leben auch noch lernen zu kochen. Also. Auf geht's.

CRACKER UND AUFSTRICHE

Leinsamencracker

Zutaten:

- · 2 Tassen Leinsamen
- · ½ roter Paprika
- · 100 g getrocknete Tomaten
- · 4 Tomaten gewürfelt; alternativ: 1 Tasse Tomatenstücke aus dem Glas
- · Chili
- · 3 Knoblauchzehen
- · Salz oder glutenfreie Sojasauce
- · 1 TL Kurkuma

- Alle Zutaten bis auf die Leinsamen im Mixer oder mit dem Pürierstab pürieren. Mit den Leinsamen mischen und die Masse dünn auf ein mit Backtrennpapier ausgelegtes Backblech streichen. Im Ofen bei ca. 140 Grad Heißluft ca. 60 Minuten eher trocknen als backen. In Stücke schneiden oder brechen.

TIPP Mit basischem Aufstrich probieren. Kann gut vorbereitet werden und hält in einer Frischhaltebox etwa eine Woche.

AUFSTRICHE

Diese Aufstriche schmecken wunderbar zu den Leinsamencrackers. Sie sind aber auch tolle Dips für Gemüsesticks, Kartoffeln und Ofengemüse!

Avocadocreme

Zutaten:
- · 1 Avocado
- · etwas Zitronensaft, Salz, Pfeffer, eventuell Chiliflocken

Zubereitung:
- Avocado halbieren, Fruchtfleisch auslösen und fein zerdrücken. Würzen und mit Zitronensaft abschmecken.

Oliventapenade

Zutaten:

- · 100 g Oliven
- · gehackte Petersilie

Zubereitung:

- • Sehr gute schwarze Oliven, zum Beispiel Kalamata, am besten schon entkernt kaufen oder selbst entkernen und pürieren. Mit Petersilie bestreuen.

TIPP Bei den Oliven auf gute Qualität achten. Die Tapenade schmeckt nicht mit billigen, mit Eisenoxid gefärbten kohlschwarzen Oliven!

Linsenaufstrich

Zutaten:

- · 1 Tasse rote Linsen gewaschen
- · 3 Tassen Gemüsebrühe
- · ½ Zwiebel fein gewürfelt
- · 1 TL Butter
- · 1 Knoblauchzehe in
  feine Scheiben geschnitten
- · Lorbeerblatt
- · Gewürznelke
- · Piment
- · Thymian
- · ein Spritzer Zitronensaft
- · Salz, Pfeffer

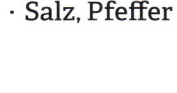

Zubereitung:

- Zwiebel und Knoblauch in Butter andünsten, Linsen dazugeben und mit Gemüsebrühe aufgießen. Gemeinsam mit den Gewürzen auf kleiner Flamme kochen, bis die Linsen gar sind. Dazwischen immer wieder kontrollieren, ob ausreichend Flüssigkeit im Topf ist – gegebenenfalls etwas nachgießen.
- Lorbeerblatt, Nelke und Piment entfernen und die Linsenmasse pürieren. Mit Zitronensaft, Salz und Pfeffer abschmecken, zwei bis drei Stunden im Kühlschrank durchziehen lassen.

TIPP In einem Schraub- oder Bügelglas hält der Aufstrich im Kühlschrank drei bis vier Tage lang. Lässt sich auch gut zubereiten mit Azukibohnen. Diese werden vor dem Kochen mehrere Stunden, am besten über Nacht, in Wasser eingeweicht.

Welcher Bewegungstyp sind Sie?

Es gibt Morgenmenschen, es gibt Abendmenschen. Es gibt Menschen, die bauen es gerne in ihre Mittagspause ein. Oder sofort nach der Arbeit, um gar nicht erst in die Nähe der lockenden Couch zuhause zu kommen. Überlegen Sie: Welcher Bewegungstyp sind Sie? Nicht nur, was die Tageszeit betrifft. Auch, was das Umfeld betrifft. Können Sie sich leichter motivieren, wenn Sie von der Energie einer Gruppe mitgerissen werden? Vielerorts werden Wander-, Walking-, Lauf-, Schwimm-, Rad- oder Gymnastikgruppen angeboten. Oder möchten Sie lieber für sich alleine oder nur mit einer Freundin sein? Gestalten Sie Ihre Bewegungseinheiten ganz nach Ihrem Geschmack. So finden Sie mehr Freude daran. Und das erhöht die Wahrscheinlichkeit, dass Sie dranbleiben.

Tolle Knolle

Ob als frische Wurzel, als Tee oder in Pulverform: Ingwer macht immer eine gute Figur. Probieren Sie gemahlenen Ingwer als Gewürz zu einem pikanten Frühstück. Das kann unser Körper gut gebrauchen, um voller Energie durch den Tag zu gehen. Oder Ingwertee. Dafür gibt es zwar, braucht es aber keine fertigen Teesäckchen, sondern lediglich eine frische Knolle, die man vielfach schon in Bioqualität bekommt beziehungsweise auch selbst ziehen kann. Geben Sie ein paar kleine Stücke der Wurzel in heißes Wasser und lassen Sie sie etwas ziehen. Eventuell noch Zitrone und bei Bedarf etwas Honig dazu – fertig.

Ein höchst wirksames Mittel ist Ingwer gegen Übelkeit. Dazu einfach ein kleines Stückchen Wurzel lutschen und kauen. Wer zu Reiseübelkeit neigt, kann auch auf Lutschtabletten zurückgreifen.

Menschen mit empfindlichem Magen sollten allerdings gut darauf achten, ob die Scharfstoffe im Ingwer nicht zu sehr reizen.

Der Schönheitsguss: kalter Gesichtsguss

Für einen Frischekick und straffe Gesichtshaut: Über die Badewanne beugen und den Guss an der rechten Schläfenseite beginnen. Von dort über die Stirn zur linken Schläfe gießen. Jetzt geht es zurück zur Nasenwurzel. Von dort aus in drei senkrechten Strichen nach außen wandern, bis Sie wieder bei der rechten Schläfe ankommen. Über die Stirn zur linken Schläfe und zurück zur Nasenwurzel gießen. Nun ausgehend von der Nasenwurzel die linke Gesichtshälfte in drei senkrechten Strichen gießen, bis Sie wieder bei der linken Schläfe ankommen. Zum Schluss das Gesicht von der linken Schläfe über die Stirn drei Mal umkreisen. Nach der Anwendung leicht abtrocknen. Bewirkt Mehrdurchblutung und Straffung der Haut, erfrischt bei Abgeschlagenheit und Ermüdung, beruhigt das nervöse Herz und kann gegen Kopfschmerzen helfen.

Wichtig: Nicht anwenden bei grauem oder grünem Star, Nebenhöhlen- oder Nervenentzündungen im Gesicht.

Heidelbeeren

Heidelbeeren schmecken nicht nur gut, sie sind auch wertvoll für unseren Körper. Die dunklen Farbstoffe in den beliebten Beeren sind gesundheitsfördernd. Heidelbeeren regulieren den Stuhlgang und wirken gegen Übelkeit. Frische Früchte erleichtern den Stuhlgang, getrocknete helfen gegen Durchfall.

TAG 19

„Warst du beim Friseur?" – „Nein." – „Neue Schuhe?" – „Nein." – „Tasche?' – „Nein." – „Aber etwas ist anders." – „Ja." – „ ... " – „Ich hab' abgenommen. Mehr als sechs Kilo." – „Oh. Warum? Also ich meine ... Sieht gut aus!"

Mein Mann hat viele Talente – Aufmerksamkeit mir gegenüber hat allerdings leider noch nie dazugehört. Er kennt der Lebenslauf jedes einzelnen Fußballspielers jedes noch so kleinen Vereins, kann sich aber partout nicht unseren Hochzeitstag merken. Dass er auch Jahr für Jahr den Geburtstag seiner Mutter vergisst, ist nur ein schwacher Trost. Zumindest hat es nicht geendet, wie es sonst endet: kopfüber in der Schokolade-Lade. Von dort lacht mir inzwischen eine Nachricht an mich selbst entgegen: „Du kannst die Leere in deinem Inneren nicht mit Essen füllen." Guter Plan. Nur: Was stattdessen? So weit hatte ich noch nicht gedacht. (Weitere Notiz an mich selbst: Plan B, C und D entwerfen!!!) Das Stattdessen sah diesmal so aus: Wir hatten das erste Mal seit gefühlt 20 Jahren wieder einmal ein Gespräch, in dem es nicht nur um Kinder, Haus und Versicherungen ging. Tatsache.

Schichtgemüse

Zutaten:

- 600 g Gemüse (z. B. Aubergine, Zucchini, Paprika, Kohlrabi, Sellerie, Karotte, Pastinake, Broccoli, Karfiol ...)
- Salz
- Pfeffer frisch gemahlen
- Thymian
- Oregano
- 8 Tomaten in Würfel geschnitten (ersatzweise gewürfelte Tomaten aus der Dose oder dem Glas)
- 1 kleine Zwiebel in feine Würfel geschnitten
- 1 Karotte geschält, fein geraspelt

- · 1 Stück Sellerie fein geraspelt
- · 1 Knoblauchzehe in feine Scheiben geschnitten
- · Salz, Pfeffer
- · 1 TL Honig
- · Oregano, Thymian, Lorbeerblatt
- · Olivenöl

Zubereitung:

- Für die Tomatensauce Zwiebel und Knoblauch in Öl anbraten, das Gemüse dazugeben und ebenso kräftig anbraten. Mit etwas Wasser oder Gemüsebrühe angießen, damit das Gemüse nicht anbrennt. Mit den Gewürzen abschmecken und weich dünsten lassen. Eventuell mit dem Pürierstab fein pürieren.
- Gemüse in Scheiben schneiden. Feste Gemüse bissfest dünsten. Weiche Gemüse roh verwenden. Dachziegelartig in einer Auflaufform schichten. Salzen, pfeffern, mit den Gewürzen bestreuen und mit etwas Olivenöl beträufeln. Die Tomatensauce darübergeben und im Rohr bei 180 Grad 25 Minuten backen.

TIPP für Eilige: Für eine schnelle Tomatensauce Zwiebel und Knoblauch in Öl andünsten. 3 EL Tomatenmark kurz mitrösten und mit 1 Tasse Gemüsebrühe oder Wasser angießen. Zu einer glatten Sauce verrühren. Mit Salz, Pfeffer, Thymian, Rosmarin und Oregano würzen. Mit etwas Balsamico oder Honig abschmecken.

Pfefferminze

Pfefferminze ist schon seit dem Altertum beliebt. Nicht nur wegen ihres Duftes, sondern auch wegen ihrer Wirkung. In der Volksmedizin wurde und wird sie eingesetzt gegen Probleme im Magen-Darm-Trakt wie etwa Übelkeit, Völlegefühl, Appetitlosigkeit und Beschwerden der Gallenblase. Bei Spannungskopfschmerzen helfen 2 Tropfen Pfefferminzöl auf den Schläfen verrieben. Pfefferminzwasser wirkt erfrischend und leicht verdauungsanregend, dafür einige frische Blätter in einen Krug mit Wasser geben und stehen lassen.

BEWEGUNG

Fitness für die Verdauung

Auch unseren Verdauungsorganen können wir immer wieder einmal ein kleines Fitnesstraining gönnen.

Darmreinigungsübung

- Falten Sie die Hände vor der Brust und heben Sie die Arme lang nach oben, über den Kopf. Neigen Sie den Oberkörper zur Seite, die Arme zu dieser Seite dehnen. Aufrichten, zur anderen Seite neigen und die Arme wieder dehnen. Aufrichten und in die Ausgangsposition zurückkehren. Drei Mal zu jeder Seite.
- Durch diese Übung öffnet sich der Magenpförtner. Flüssigkeit wird schneller vom Magen in den Darm weiterbefördert.

Dickdarmmobilisation

- Legen Sie sich auf den Rücken, stellen Sie die Beine auf. Die Arme liegen neben dem Körper, die Handflächen weisen nach oben, das Kinn ist eingezogen, der Nacken lang, die Schultern sind zum Boden hin gedrückt. Während einer Ausatmung erst das rechte, dann das linke Knie möglichst nahe zur Brust bringen – insgesamt 20 Mal, zehn Mal pro Bein. Wiederholen Sie diese Sequenz noch zwei Mal und legen Sie zwischen den Serien immer eine Pause von 30 Sekunden ein.

LEBENSORDNUNG
Wyda-Übung: Ruhe finden

Diese Übung können Sie jederzeit durchführen, um den Stress und die Unruhe des Tages von sich abfallen zu lassen oder aus dem Gedankenkarussell auszusteigen.

- Setzen, legen oder stellen Sie sich so hin, dass Sie in dieser Position möglichst entspannt längere Zeit verweilen können.
- Legen Sie die Hände sanft auf die Augen, die Daumen auf die Ohren. Entspannen Sie sich und atmen Sie ruhig in den Bauch. Lassen Sie den Tag noch einmal Revue passieren und genießen Sie dann gelassen das Hier und Jetzt.
- Spüren Sie so lange in Ihren Körper hinein, wie Sie das möchten, und achten Sie dabei auf alles, was Sie wahrnehmen. Sollte innere Unruhe aufkommen, konzentrieren Sie sich auf ein positives und entspannendes Bild.

Lassen Sie während der Übung Ihre Gedanken frei fließen. Die Übung schafft innere Ruhe – die Voraussetzung zum Entstehen von Harmonie. Besonders empfehlenswert ist die Übung in der Nähe eines fließenden Gewässers, bei einem Bach beispielsweise.

ERNÄHRUNG
Vital und gesund bleiben durch Entlastungstage

Unser Alltag ist fordernd. Es stehen Familien- oder Geschäftsessen an, Feiertage. Oder Sie hatten einfach keine Zeit zu kochen und haben stattdessen zu Fast Food gegriffen. Nach solchen Tagen fühlen wir uns oft schwer und müde. Legen Sie einfach einen Schalt- oder Entlastungstag ein. Sie werden sich gleich fitter und leichter fühlen! Denn Gesundheit und Vitalität können durch bewusste Ernährung und regelmäßige Entlastungszeiten nicht nur erhalten, sondern auch gesteigert werden. Und das ohne großen Aufwand!

Entlastungstage sind ein gutes Mittel zur Reinigung und Entwässerung des gestauten Gewebes und zur Aktivierung des Stoffwechsels. Sie können auch gezielt zur Vorbeugung und kurzzeitigen Schonung des Verdauungstrakts eingebaut werden. Der gesamte Organismus und die Verdauung werden dabei entlastet.

Eine einfache Schwerpunktkost hilft dabei. Welche Form Sie dafür wählen, ist Geschmackssache: einen Reistag, Kartoffeltag, Gemüsesuppentag oder – ideal im Sommer – ein klassischer Obsttag. Die gewählte Kost wird über den Tag verteilt achtsam gegessen. Und achten Sie darauf, viel Wasser zu trinken!

Bin nicht sicher, ob ich ihn schon jemals so erlebt habe. Zuerst dieser Ausdruck von Überraschung, gepaart mit Ungläubigkeit. Dann ein sehr breites Grinsen. Und dann ist unser Chef mit Monika und meiner einer die Treppe auf und ab gehüpft wie ein kleines Kind. Einfach so. Weil Spaß. Naja und Training ist es außerdem. Vor allem aber Spaß. Sogar unseren Vorschlag, ein freiwilliges, außerdienstliches Gesundheits- und Bewegungsprogramm für uns Schreibtischmenschen hier in der Firma ins Leben zu rufen, hat er befürwortet. Also als er dann wieder zu Atem gekommen war. Dass Monika und ich mittlerweile unsere Kaffee- und Rauchpausen verknappt haben, um durchs Büro zu turnen, ist ihm sowieso schon aufgefallen, sagt er. Alles andere wäre auch ein Wunder gewesen. Unsere „Hampelmann-Einheit" ist mittlerweile ja legendär und wird bereits von zwei weiteren Kollegen nachgemacht. Ich sage nur: Die schenken sich gar nichts.

Aja und als wir fertig waren mit dem Gehüpfe, haben wir auch noch gearbeitet. Natürlich.

Falsche Bratkartoffeln mit kleinem Salat

Zutaten für die Bratkartoffeln:

- · 1 Zwiebel fein gewürfelt
- · 3 EL Olivenöl
- · 2 Knoblauchzehen fein gehackt
- · 20 Topinambur geputzt, geschält und in Scheiben geschnitten
- · Salz, Pfeffer aus der Mühle
- · 2 EL Schnittlauch grob geschnitten

Zutaten für den Salat:

- · 1 kleiner Radiccio
- · 1 Handvoll Vogerlsalat
- · ¼ Chinakohl
- · 1 Handvoll Wildspinat
- · Olivenöl
- · Apfelessig
- · Salz

Zubereitung:

- Für die Bratkartoffeln Zwiebeln mit Olivenöl goldgelb anschwitzen, Knoblauch und Topinambur dazugeben und mitbraten. Wenn die Topinambur Farbe angenommen haben, einen Esslöffel Olivenöl dazugeben und kurz weiterbraten. Kräftig mit Salz und Pfeffer abschmecken und mit Schnittlauch bestreut servieren.
- Die Salate putzen, in mundgerechte Stücke zupfen und mit einer Marinade aus Olivenöl, Apfelessig und Salz anrichten.

TIPP Wer Fruchtzucker schlecht verträgt, sollte mit der inulinhältigen Topinambur eher sparsam umgehen. Die Salate können natürlich nach Gusto und Verfügbarkeit variieren. Die Verträglichkeit wird verbessert, wenn süßlich-milde mit bitteren Salaten kombiniert werden.

HEILPFLANZEN

Himbeerblätter

Himbeerblättertee kann in mehrfacher Hinsicht helfen. Bei Neigung zu Durchfall eignet sich der Tee zum Trinken. Die in den Blättern vorhandenen Gerbstoffe verfestigen den Stuhl. Doch auch für die Haut ist der Aufguss eine Wohltat. Als Gesichtsdampfbad macht Himbeerblättertee eine schöne Haut. Dafür einen starken Teeaufguss zubereiten und das Gesicht über den Dampf halten.

Fußbad mit Salz

Eine Anwendung, mit der Sie Ihren Stoffwechsel anregen, den Körper entschlacken und die Abwehrkräfte stärken können. Ein Fußbad mit Salz wirkt zudem blutdrucksenkend und hat einen positiven Einfluss auf Haut- und Erkältungskrankheiten.

Füllen Sie eine Wanne mit für Sie angenehm warmem, nicht heißem Wasser. Fügen Sie eine Handvoll Salz hinzu und lassen Sie es im Wasser auflösen. Tauchen Sie beide Beine ins Wasser und bleiben Sie so lange mit den Füßen in der Wanne, wie Sie es als angenehm empfinden. Abschließend tupfen Sie ihre Beine sanft mit einem Handtuch ab und ruhen eine halbe Stunde nach.

Bei niedrigem Blutdruck sollten Sie mit dieser Anwendung allerdings vorsichtig umgehen, da sie den Blutdruck weiter senkt.

Treppen einmal anders nehmen

Sie meinen, Treppen seien nur eine Verbindung von A nach B? Stimmt. Das sind sie auch. Treppen sind allerdings auch unsere Freunde auf dem Weg zum Wunschgewicht. Nicht nur, weil wir sie dem Aufzug vorziehen können. Wir können sie außerdem als Trainingsgerät nützen.

Beobachten Sie einmal, wie Kinder Treppen benutzen (oder vielleicht erinnern Sie sich auch an Ihre eigene Kindheit). Kinder hüpfen und tanzen über Treppen. Das können Sie auch!

Hüpfen Sie mit beiden Beinen eine Treppe von oben nach unten (halten Sie sich dabei am Treppengeländer fest) und steigen Sie anschließend zurück nach oben zum Ausgangspunkt. Wiederholen Sie diese Übung mehrmals, legen Sie zwischendurch aber Pausen ein. Hüpfen Sie ein Mal auf beiden, ein Mal auf einem Bein – wie es Ihnen beliebt. Neben Spaß ist dies ein Herz-Kreislauf-Training, die Beinmuskulatur wird gestärkt. Diese Übung kann Nierensteine lösen.

Eine andere Variante: Steigen Sie immer zwei Treppen hoch, eine rückwärts zurück.

Bestens geeignet sind Treppen außerdem, um die Beinmuskulatur zu dehnen. Stellen Sie sich mit dem vorderen Drittel der Fußsohle (Zehenballen) beider Füße auf eine Treppenstufe, halten Sie sich am Geländer und der Wand fest und senken Sie langsam die Ferse, bis Sie eine Dehnung spüren. Halten Sie diese Position für etwa 15 Sekunden, dann heben Sie die Fersen wieder an. Schütteln Sie die Beine locker aus und wiederholen Sie die Übung.

Mit dem Herzen schauen

Eine Anregung für einen anderen Blick auf Ihre Mitmenschen: Genießen Sie den Tag und gehen Sie nach draußen. Ob allein oder mit Freunden – Hauptsache irgendwo hin, wo viele Menschen sind. Sie könnten sich zum Beispiel in ein nettes Café setzen. Lehnen Sie sich entspannt zurück und beobachten Sie die vorbeikommenden Menschen. Aber nicht um zu kritisieren oder sich über sie lustig zu machen, sondern um ihre Einzigartigkeit zu bestaunen.

An jedem Menschen werden Sie etwas Besonderes und Einmaliges finden, etwas Schönes. Finden Sie das bewusst heraus und beobachten Sie an sich selber, was diese Art der Wahrnehmung mit Ihnen macht.

WOCHE 3

TAG 21

Hoppala. Jetzt hätt' ich doch glatt übersehen, dass heute der Tag ist. DER Tag! Tag 21. Unpackbar. Bin so im Programm, dass ich da gar nicht mehr drauf geachtet habe. Also dann doch noch schnell ab ins Badezimmer und rauf auf die Waage. Und es sind... *Trommelwirbel* MINUS ZEHN KILO!!! Nicht, dass Zahlen eine Rolle spielen. Aber hey, ich meine: ZEHN KILO!!! Ganz klar: Viel wichtiger ist natürlich, wie ich mich fühle. Gut nämlich. Sehr gut nämlich. Hervorragend nämlich!

Das ist mir noch viel mehr wert. Und dass ich wieder mehr Spaß an Bewegung habe. Und am Leben. Und überhaupt. Minus zehn Kilo. Wer hätte das gedacht. Und wer hätte gedacht, dass ich mich in diesem Leben noch einmal überwinden und auf ein Fahrrad schwingen würde? Na? Na? Ich jedenfalls nicht. Gut, es ist ein geborgtes Rad. Zum Ausprobieren. Aber damit strampeln wir heute ein Stück den Donauradweg entlang. Wir, jawohl. Der Mann hat spontan erklärt, auf seinen Fernsehnachmittag zu verzichten und stattdessen mit mir zu radeln. Also: Das ist nicht das Ende der Reise. In jeder Hinsicht. Ganz bestimmt nicht.

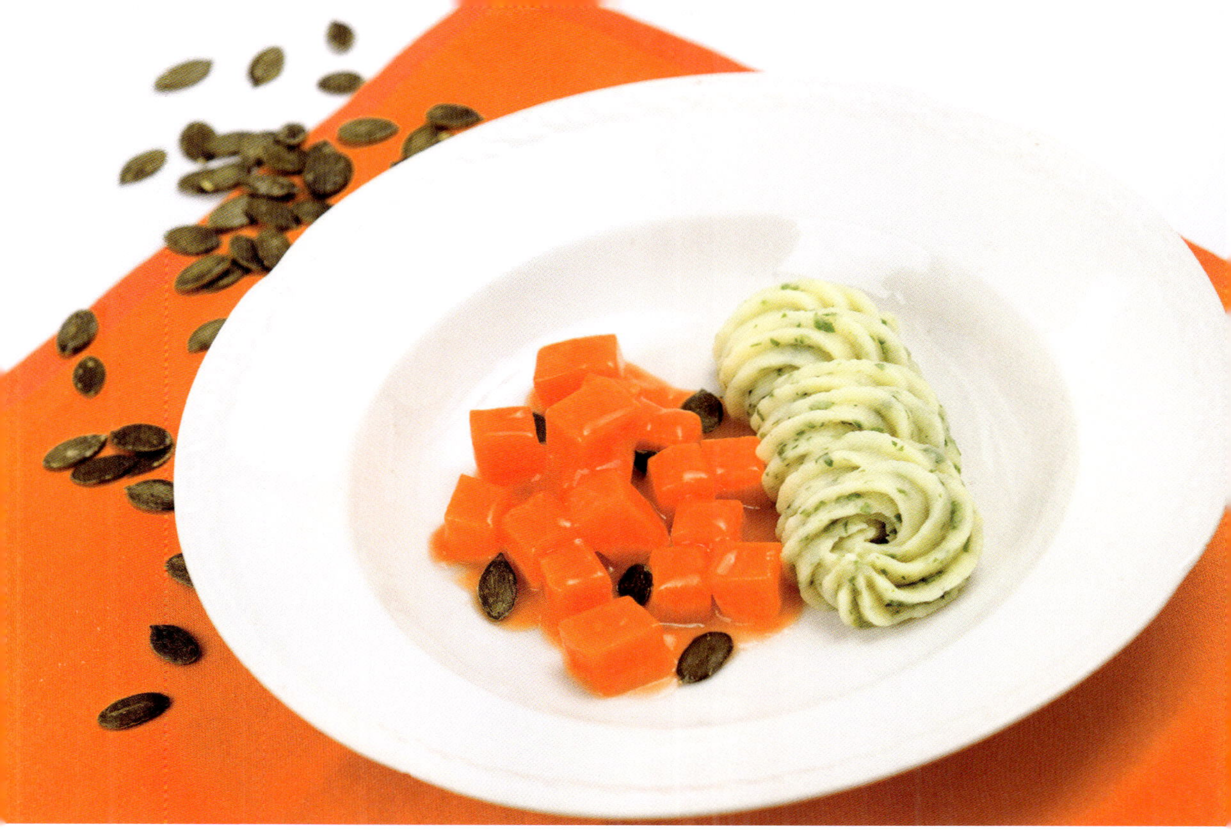

REZEPT

Kürbisgulasch mit Pastinakenpüree

Zutaten für das Gulasch:

- 500 g Kürbis
- 2 EL Rapsöl
- 2 Tassen Gemüsebrühe
- Salz, Cayennepfeffer, Macis
- 1 EL Kartoffelstärke
- 1 EL Kürbiskerne geröstet

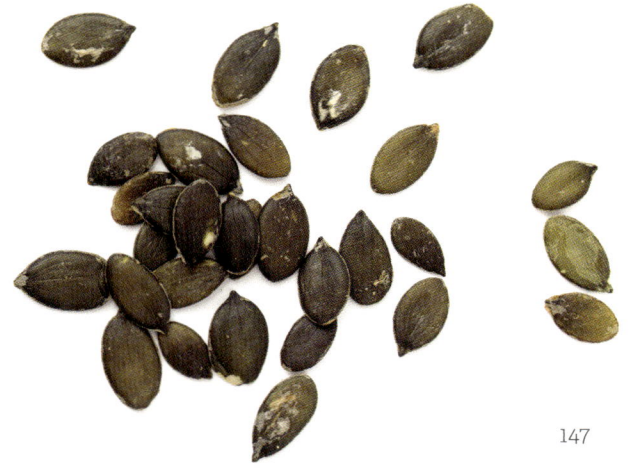

Zutaten für das Püree:

- · 2 Kartoffeln mehlig kochend
- · 2 Pastinaken geschält und gewürfelt
- · 1 EL Haselnuss- oder anderes nussig schmeckendes Öl
- · 1 Tasse Gemüsebrühe
- · 1 EL Olivenöl
- · 2 EL Petersilie gehackt
- · Salz, Macis

Zubereitung:

- Kürbis schälen, entkernen und würfeln, Schalen und Kerne mit der Gemüsebrühe 20 Minuten köcheln und abseihen. Dann die Kürbiswürfel in dem entstandenen Sud bissfest kochen, mit der angerührten Kartoffelstärke leicht binden, kräftig mit Salz, Cayennepfeffer und Macis abschmecken und mit Kürbiskernen garnieren.
- Für das Pastinakenpüree Kartoffeln weich dämpfen, schälen und durch eine Kartoffelpresse drücken oder zerstampfen. Pastinaken im Haselnussöl anschwitzen und mit der Gemüsebrühe weich dünsten. Anschließend die Pastinaken pürieren und mit dem Erdapfelpüree gut vermischen. Mit Salz, Macis, Petersilie sowie Olivenöl verrühren und mit dem Kürbisgulasch anrichten.

TIPP Kann mit jedem Winterkürbis zubereitet werden. Statt Pastinaken können auch Petersilienwurzeln verwendet werden.

Kamille

Eine von Pfarrer Kneipp sehr geschätzte Anwendung: Kopfdampf mit Kamille. Dazu verwendet man starken, heißen Kamillentee, der in einem Topf ins Waschbecken oder auf den Tisch gestellt wird. Dann beugt man sich über den Topf und breitet ein großes Handtuch über den Kopf, sodass kein Dampf entweichen kann. Die Kamillendämpfe sind wohltuend für den Nasen-Rachen-Raum, die Bronchien und die Haut.

Betrachten Sie sich selbst liebevoll

Hier etwas zu viel, da etwas zu wenig, die Haare sind sowieso eine Katastrophe, beruflich könnte es auch besser laufen. Und überhaupt. Es gibt immer wieder Zeiten, in denen wir an uns herumnörgeln. Diese Unzufriedenheit tut uns seelisch, aber auch körperlich nicht gut. Doch daran können wir arbeiten.

Blicken Sie zurück auf die vergangenen drei Wochen. Wie fühlen Sie sich? Was hat sich verändert im Innen, was im Außen? Halten Sie die kleinen und großen Erfolge schriftlich fest – so können Sie jederzeit darauf zurückgreifen. Sie dürfen sich ruhig auch einmal selbst loben. Und hören Sie sich selbst einmal bewusst zu. Hören Sie ganz genau hin. Wie sprechen Sie mit sich selbst? Würden Sie so mit jemand anderem reden? Würden Sie mit anderen Menschen so hart ins Gericht gehen wie mit sich selbst? Sprechen Sie liebevoll mit sich selbst. Und Vorsicht: Lästern Sie auch nicht anderen Menschen gegenüber über sich.

Eine Übung, die Sie zudem unterstützen kann, ein positiveres Bild von Ihrem Aussehen zu bekommen: Egal zu welcher Tageszeit, betrachten Sie täglich für etwa zehn Minuten Ihr Spiegelbild. Schauen Sie sich einfach nur an – und tun Sie das 21 Tage hintereinander. Sie werden sich dabei ganz neu kennen-, akzeptieren, und lieben lernen. Und wenn Sie jetzt meinen, das ist Blödsinn, haben Sie es sicher noch nicht ausprobiert. Halten Sie aber unbedingt die 21 Tage durchgehend ein!

ERNÄHRUNG

Jetzt heißt es: dranbleiben!

Kuren oder Diäten lassen sich nicht ewig fortsetzen. Das wäre weder sinnvoll noch gesund. Und Sie würden den Spaß am Essen verlieren, wenn Sie sich immer kasteien müssten. Deshalb: dranbleiben – aber nicht dogmatisch. Orientieren Sie sich an der 80:20-Regel: Achten Sie zu 80 Prozent auf gute Lebensmittel, die Ihren Körper nähren, und lassen Sie die restlichen 20 Prozent auch einmal fünf gerade sein. So vermeiden Sie, dass Sie Ihren Körper „aushungern" und erst recht Heißhungerattacken bekommen, die Sie dann, wenn überhaupt, nur sehr mühsam unter Kontrolle halten können.

Sollte es zu Rückschlägen kommen: Lassen Sie sich nicht entmutigen. Der Gedanke „Jetzt ist's auch schon wurscht" gilt allerdings nicht. Jeder Tag, jede Minute, jede Mahlzeit ist die Chance, wieder neu anzufangen.

Auch eine geführte Fastenwoche in einem der Curhäuser kann Sie auf Ihrem Weg zu mehr Gesundheit, Vitalität und Lebensfreude weiterbringen.

Radeln entlang der Donau

Wie wäre es mit einem Radausflug entlang der schönen Donau?

Nicht umsonst zählt der Donauradweg zu einem der beliebtesten Radwege weit und breit. Entlang des Stroms lässt es sich ja auch herrlich in die Pedale treten – und ab und zu eine Pause einlegen, um einfach einmal nur die Umgebung zu genießen und dem Fluss beim Fließen zuzusehen. Ob die klassische Variante von Passau über Linz nach Wien oder kleinere Etappen: Für jeden Gusto ist etwas dabei. In den radfahrerfreundlichen Betrieben entlang der Strecke lässt es sich gut einkehren – zur Stärkung ebenso wie zur Nächtigung. Die oberösterreichische Gastfreundschaft ist schließlich legendär.

LILLYS RESÜMEE

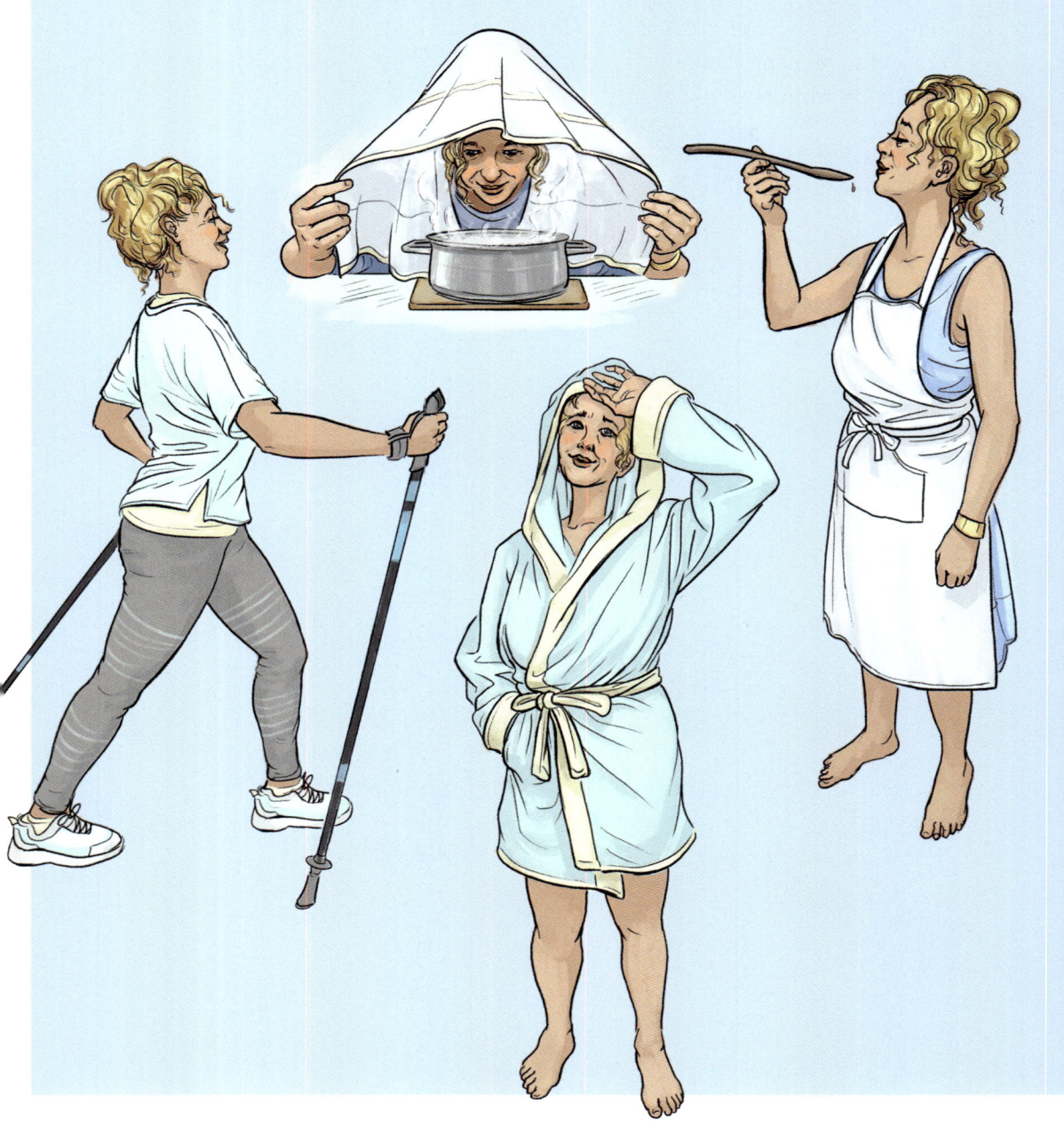

Drei Monate sind vergangen seit Ende des Leichter-Leben-Programms. Entgegen allen Unkenrufen (die meisten davon hab' ich mir selbst am lautesten zugerufen) war es diesmal anders. Nicht der erwartete Jojo-Effekt, nicht das Zurückfallen in alte Muster.

Freilich: Das eine oder andere hab' ich für mich adaptiert. So hab' ich kurzerhand so manche Turneinheit ersetzt durch eine Wanderung, in deren Pausen ich dann eben auch gleich noch etwas mache für meine Faszien und die Gelenke. Lässt sich ja wunderbar kombinieren.

Überhaupt bin ich viel in der Natur unterwegs. Auf Mutters Dachboden, in der letzten Ecke hinten links hab' ich doch tatsächlich noch mein altes Herbarium gefunden! Abgestaubt das Teil – und losgelegt. Das wird jetzt erweitert. Zum Vortrag über Heilpflanzen in der Traditionellen Europäischen Medizin bin ich schon angemeldet.

Was hat sich sonst noch getan? Weitere drei Kilo sind weg. Auf mein im Kopf gestecktes Ziel fehlen immer noch zwei Kilo. Aber inzwischen hab' ich gelernt, besser auf meinen Körper zu hören. Und der sagt mir: Das ist mein Wohlfühlgewicht. Und ich fühl' mich ja auch energiegeladen und höchst zufrieden mit mir selbst und der Welt. Die geführte Fastenwoche, die ich inzwischen im Curhaus mitgemacht hab', hat das Ihre dazugetan. Das war noch die Initialzündung für einen Entgiftungsprozess der Extraklasse – und damit meine ich jetzt nicht einmal die körperliche Entgiftung. Die ist quasi im Vorbeigehen mitgegangen. Und was ich jetzt noch anpacke, ist das Intervallfasten. Ab heute lasse ich das Abendessen ausfallen. Mal sehen, was passiert.

Mein Mann und ich haben eine neue Regelung gefunden. Wir haben fixe Zeiten nur für uns als Paar. Wir gehen ins Kino oder Wandern oder Radfahren oder Essen. Und wir reden über Gott und die Welt. Tut gut.

Kollegin Monika und ich haben tatsächlich mit einer befreundeten Fitnesstrainerin ein Programm entworfen, das wir in unseren Pausen im Büro durchführen dürfen – und das von immer mehr Kolleginnen und Kollegen mitgeturnt wird. Und unser Chef überlegt weitere Schritte.

Meinen Zigarettenkonsum hab' ich runterschrauben können auf scharf gegen Null. Nur ganz selten, in extrem stressigen Situationen, brauch' ich dann doch noch einen Tschik. Aber ich bin zuversichtlich, dass ich auch da noch andere Lösungen finde als den Griff zum Glimmstängel.

Meine Freundinnen schätzen mittlerweile meine neu entdeckten Koch-künste. Nicht erst einmal wurde ich gebeten: „Geh, Lilly – kannst du bitte etwas von deinem gesunden Zeug mitbringen zur Party?" Und das ist durchaus ein Kompliment.

Bei so viel Veränderung ist es aber auch gut, wenn doch die eine oder andere Konstante bleibt. Mein Ältester deponiert noch immer seine Socken auf dem Couchtisch. Das hat sich nicht geändert.